教科書に載らない
あの人物、この事件！

オトナのこだわり歴史旅

伊豆半島編

渡辺惣樹 Soki Watanabe
茂木誠 Makoto Mogi

ビジネス社

渡辺&茂木 伊豆半島 探訪マップ
全22箇所の場所一覧

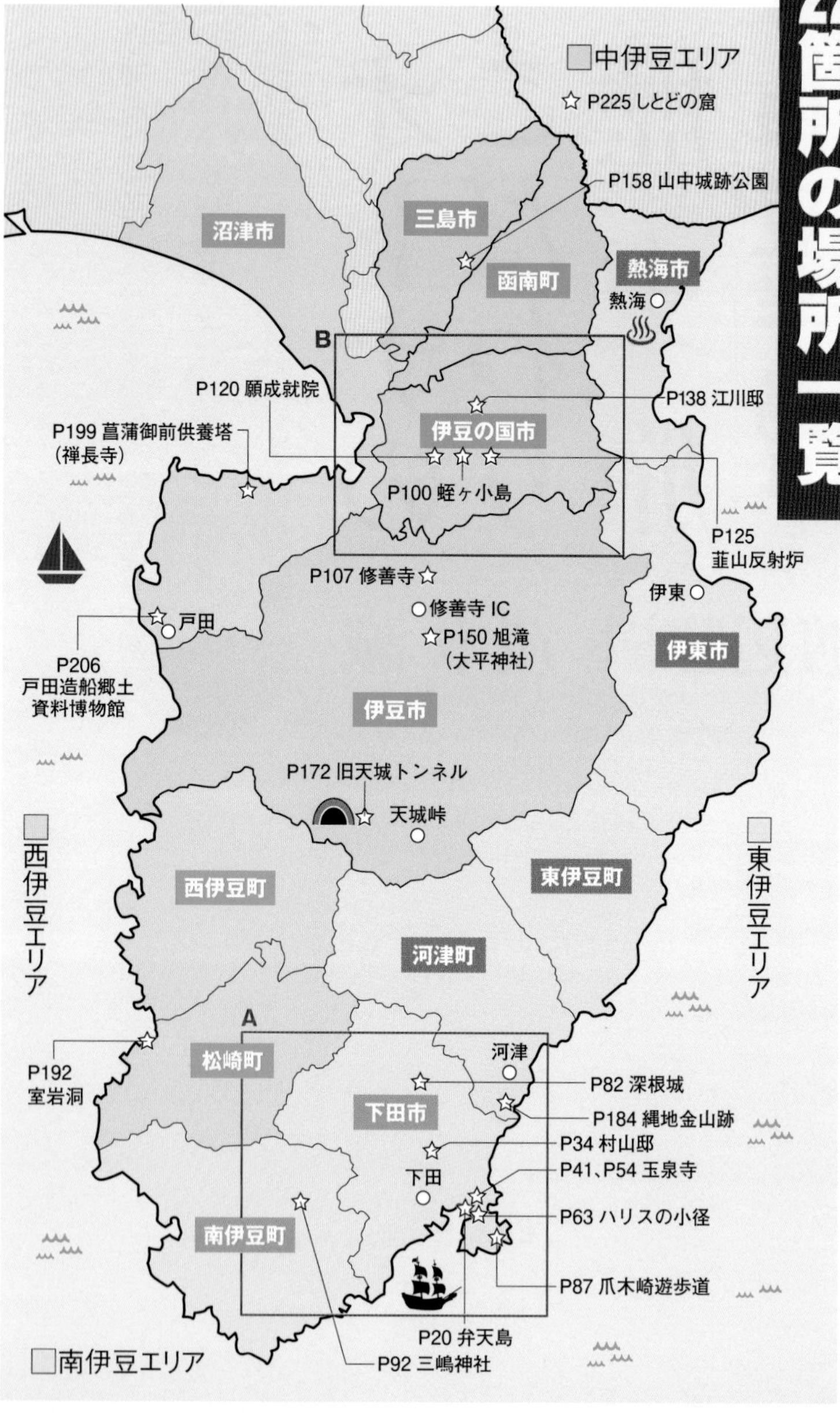

A. 下田市（南伊豆エリア）拡大マップ

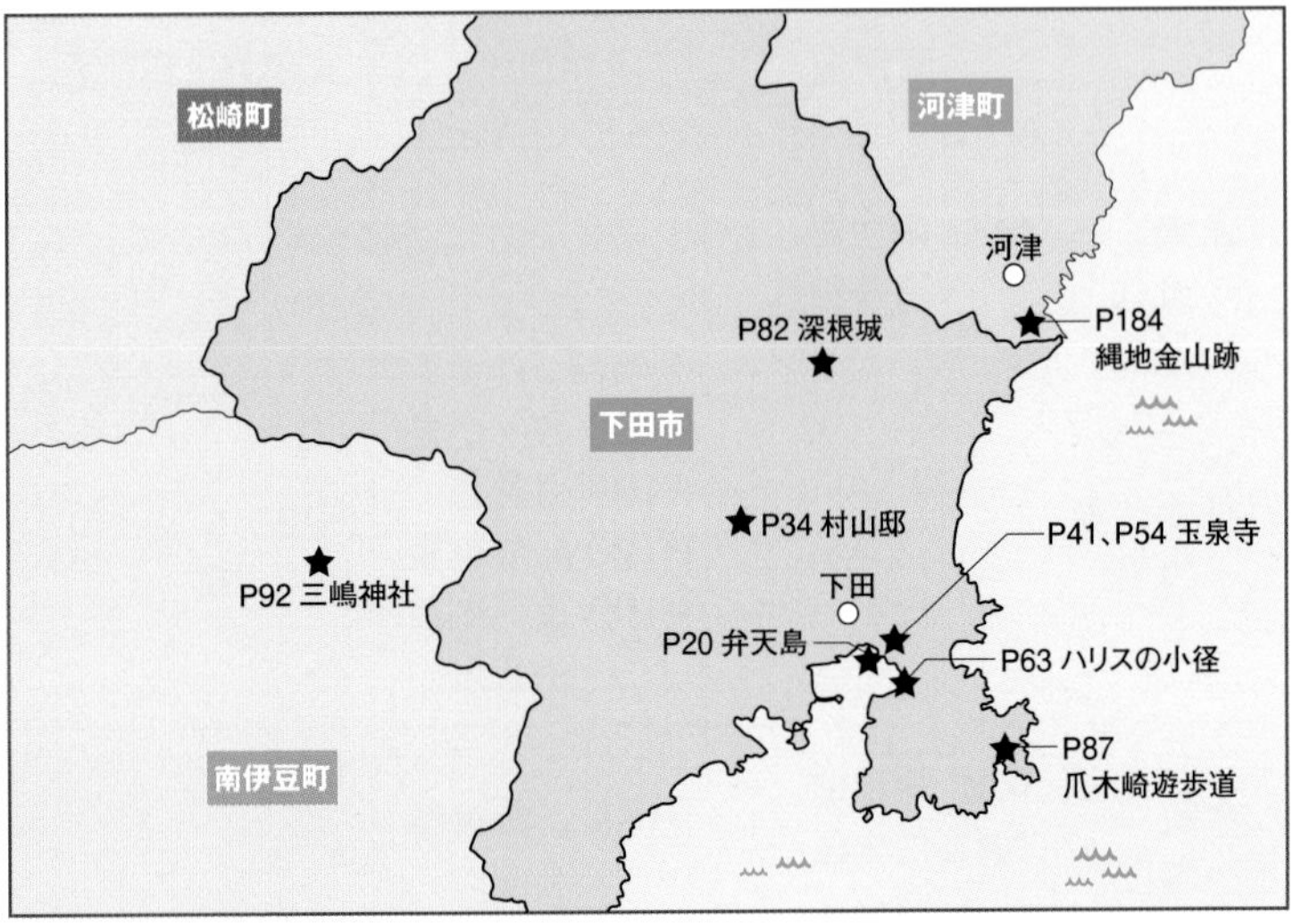

B. 伊豆の国市（中伊豆エリア）拡大マップ

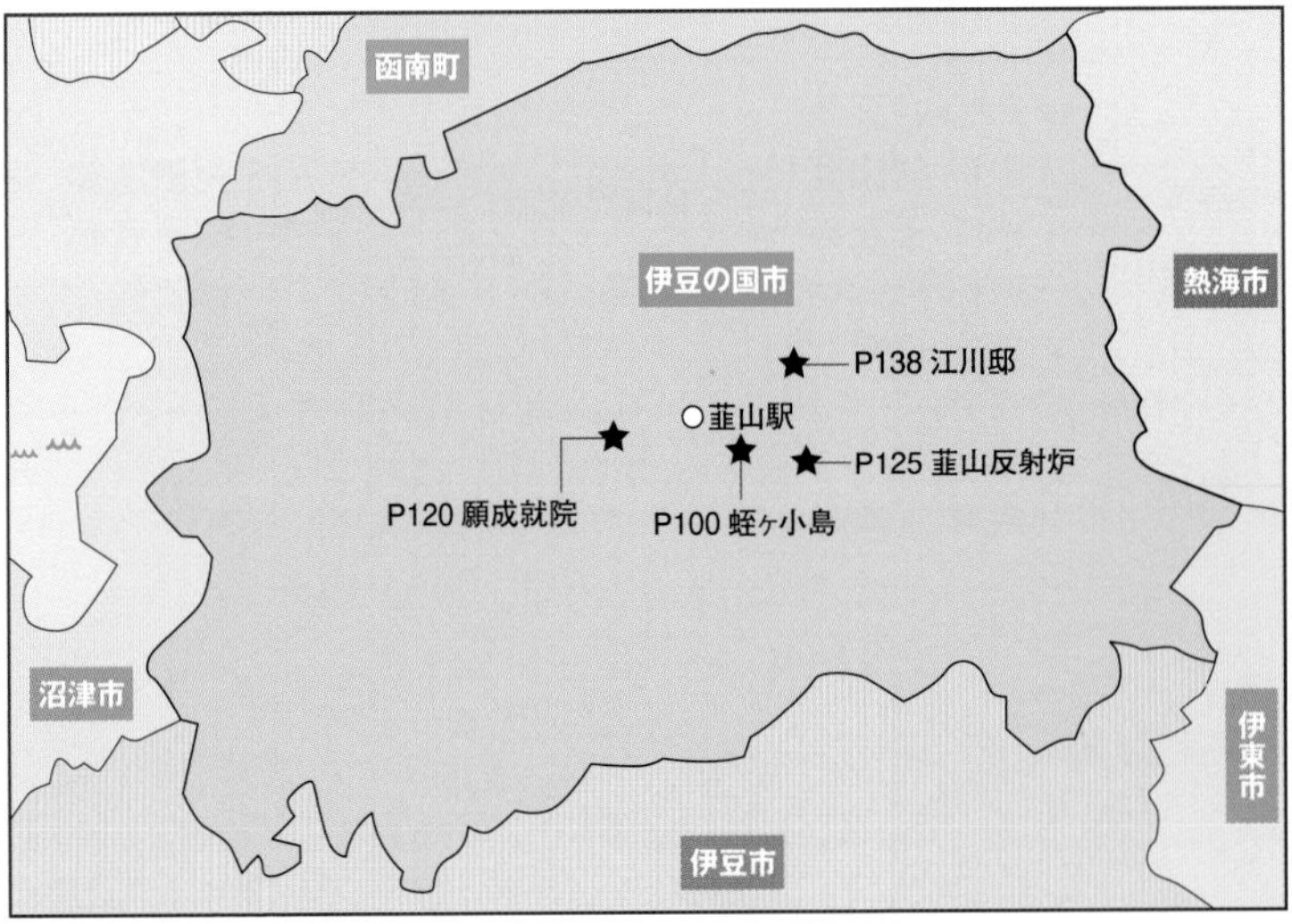

	南伊豆	中伊豆	東伊豆・西伊豆
先史～古代	P92 南伊豆三嶋神社		
平安後期～鎌倉		P100 蛭ヶ小島 P107 修善寺 P120 願成就院 P199 菖蒲御前供養塔	P225 しとどの窟
室町～戦国	P82 深根城 P87 爪木崎遊歩道	P158 山中城跡公園	
江戸		P138 江川邸 P150 旭滝	P184 縄地金山跡 P192 室岩洞
幕末～維新	P20 弁天島 P34 村山邸 P41 玉泉寺 P63 ハリスの小径	P125 韮山反射炉	P206 戸田造船郷土資料博物館
明治・大正	P54 玉泉寺		
昭和以降		P172 旧天城トンネル	

P29 黒船に密航するために吉田松陰が伝馬船を漕ぎ出した下田湾

P90 爪木崎自然公園・太平洋を望む

P43 玉泉寺本堂

P50 タウンゼント・ハリスの記念碑

P126 韮山反射炉

P103 蛭ヶ島公園内にある源頼朝
と北条政子夫妻の銅像

P95 河津川畔の桜並木

P151 旭滝の表面にあらわれている柱状節理

P194 石丁場の跡

P122 北条時政をまつる宝篋印塔

まえがき

おもしろや　今年の春も　旅の空（芭蕉）

もし余命が1年と宣告されたら、あなたは何をしたいですか？

まだ体の自由がきき、生活に困らぬ蓄えがあるのなら、わたしは今抱えている仕事をすべて辞めて、旅に出たいと思っています。

若者たちに歴史を教え、本を書くことを生業にしてきた私ですが、どんなに本で読んでも、現地に行ってみなければわからないことがたくさんあります。

そして旅をすること自体が、さまざまなしがらみから人間の精神を解放してくれます。

今、さまざまな悩みを抱え、「生きにくさ」を感じている人には、その場所をいったん離れて一人旅に出ることをおすすめします。間違いなく、あなたは元気になるでしょう。もしかしたらこれは、数十万年にわたって獲物を追い、自由な移動生活を続けていた石器時代の記憶が蘇るからなのかもしれません。

人々が農耕に依存するようになり、土地所有権が生まれ、定住生活が常識となり、しがらみが生まれました。古今東西いつの世にも、この窮屈さを嫌い、旅への思いをかきたてられた人たちがいます。

西行も、芭蕉も、杜甫も、ランボーも、山頭火も、漂泊の思いを抑えきれず、旅に生き、旅に死すという生涯を送りました。彼らは旅によりインスピレーションを高め、珠玉のような歌や詩や句を残しました。

私はいまも暇さえあれば旅に出かけています。残念ながら詩才がないので、せめて動画に残してYouTube（もぎせかチャンネル）で発信していこうと思っています。

一人旅も気ままでよいものですが、旅先の歴史や文化に造詣の深い同行者が得られれば、さらに旅は面白く、深みを増すことでしょう。

ところが実際には、「灯台もと暗し」といいましょうか、現地の方がその土地の歴史や文化を知っていることは意外に少なく、史跡や神社仏閣が荒れ果てていてがっかりすることも少なくないのです。これは、教育の問題です。

明治維新以降、北海道から沖縄まで全国一律の国定教科書、あるいは文部省検定歴史教科書で教えてきました。その地方、地方の歴史は、公教育で教えられることは稀なのです。だから郷土に誇りを持てなくなり、若者は都会へ流出したまま戻ってこない。

私は、教育については各都道府県に権限を与え、独自の歴史教科書を採用できるようにすべきだと思っています。

今回の伊豆の旅では、伊豆のご出身で、伊豆の歴史や文化にたいへんお詳しい渡辺惣樹先生というパワフルな案内人をお願いすることができました。

渡辺先生とのご縁は、前著『教科書に書けないグローバリストの近現代史』（ビジネス社）で、対談の機会を与えていただいたのがきっかけでした。

南伊豆の下田のご出身である渡辺先生は、下田に来航したペリー艦隊のことを調べていくうちに、日米関係史全体、近現代史全体に視野が広がり、この分野の第一人者となられました。
と同時にあまり知られていないことなのですが、渡辺先生は古代中世からの郷土・伊豆の歴史を徹底的に調べておられます。神津島の黒曜石、役行者、源氏と鎌倉北条氏の興亡、関東管領上杉氏と戦国大名・後北条氏の興亡、江戸幕府の金山開発、韮山《にらやま》代官・江川太郎左衛門、そして幕末の対米交渉と吉田松陰、渋沢栄一、そして日米戦争まで。

渡辺先生の語る歴史は、ただの事実の羅列ではなく、人間への視座、血の通った温かみがあります。文学といってもよいと思います。和歌の解釈、政治に翻弄された女性たちへの思い……いつか、先生は歴史小説を書かれるのでは、と勝手に期待しています。

この膨大な知識を私一人が独占してはもったいないので、本にして広く知っていただきましょう、というお話になりました。

さあ、これからご一緒に伊豆の旅に出ましょう。

この小冊子があなたの好奇心を刺激し、多くの方が「伊豆に行ってみよう！」と思われることをひそかに期待します。

2023（令和5）年3月

茂木　誠

2、3Pに地図、4Pには年表がありますので、ご興味のあるページからお読みください。
QRコードで動画を見ることもできます。

第1章 日米関係の始まりと終わりの舞台 下田を歩く

第2章 鎌倉幕府の揺籃《ようらん》の地 中伊豆エリア

第3章 金山と石丁場の伊豆海岸を巡る

第1章

日米関係の始まりと終わりの舞台下田を歩く

01

下田

吉田松陰《よしだしょういん》が黒船密航を試みた柿崎弁天島《かきさきべんてんじま》

踏海《とうかい》の企《くわだ》ての跡

茂木　伊豆下田にある、弁天島にやって来ました。ここは、吉田松陰が門弟の金子重之輔《しげのすけ》と共に、下田沖に停泊していた黒船への密航を試みた場所です。

吉田松陰と言えば、明治維新の思想を作った人物です。松陰は山口県長州藩《ちょうしゅうはん》出身の軍学者で、たまたま江戸で学んでいた1853年（嘉永6年）に、浦賀沖（神奈川県横須賀市）にアメリカ海軍提督マシュー・ペリーが率いる4隻のアメリカ艦船が日本に来航しました。浦賀に出掛けて黒船を観察した松陰は、「西洋列強各国から日本を守るためには、西洋先

進国の進んだ技術や文化を知らなければいけない」と、西洋軍事技術を学ぶべく、海外渡航を決意しました。
けれどそのときはペリー艦隊への乗船は試みず、ペリー艦隊がいったん去った後、松陰は急に長崎へ行きますね。

渡辺　松陰はとにかく世界を見たかった。彼はその機会をうかがっていました。松陰がまず目を付けたのは、アメリカのペリー艦隊ではなく、ロシア艦隊でした。彼はプチャーチン提督の率いる4隻のロシア艦隊が長崎に入ったことを聞きつけます（長崎入港：1853年〈嘉永6年〉7月18日）。

実は松陰は、このわずか4年前の1849年（嘉永2年）頃には、「異賊打ち払いは国体の立つところにして」と主張していて、徹底した攘《じょう》夷《い》論《ろん》（外国との通商に反対し外

密航の舞台となった弁天島内にある「踏海企ての跡」

国を撃退して鎖国を通そうとする思想）者でした。しかし、「西夷《せいい》（西洋人）の中の長所を発見し、日本の手本にすべし」としていた渡辺崋山《わたなべかざん》や高野長英《たかのちょうえい》の思想に影響を受けました。

松陰は1850年（嘉永3年）、藩の許可を得て平戸に学び、「西夷」の本当の力を知ります。とにかく世界を見なくては「西夷の中の長所」が分からないと考えたのです。松陰はこの時期に、『慎機論』（渡辺崋山）や『戊戌夢物語《ぼじゅつゆめものがたり》』（高野長英）を読んでいます。これが単純な攘夷論者の松陰を、より思慮深くしたようです。

茂木　高野長英は長崎で、シーボルトの鳴滝塾《なるたきじゅく》に学びました。蘭方医だった高野長英が国防問題に目覚めたのが、モリソン号事件（1837年〈天保8年〉）です。幕府の異国船打払令を受けて、江戸湾防衛の責任者である浦賀奉行が、アメリカ商船モリソン号を砲撃した事件です。

モリソン号は日本人漂流民を送り返し、できれば通商交渉も、と来航したのですが、いきなり砲撃されました。西洋諸国の軍事力について学んでいた高野長英は「なんと愚かな！」と憤り、『戊戌夢物語』を書きました。夢の中で知識人が西洋文明を論じ、打払令の無謀をやんわりと批判するという内容ですが、これが鳥居耀蔵《とりいようぞう》ら守旧派官僚の怒りを招き、「蛮社《ばんしゃ》の獄」を引き起こします。渡辺崋山は自害、高野長英は無期懲役となりました。火事に紛れて脱獄に成功した高野長英は、変装改名して各地を転々としつつ洋書の翻訳を続けましたが、ついに身元が割れ、捕縛の際に殺されました。

「口先だけの攘夷は無力。西洋に勝つため、西洋から学ぶべし」という長英の立ち位置は、後の尊皇攘夷《そんのうじょうい》派が開国派へと転じたのを先取りしています。

高野長英の死は、1850年（嘉永3年）。あと3年がんばっていれば、ペリー来航で方針を転換した幕府で外交官として活躍できたものを、本当に残念です。

長英のこの無念を引き継いだのが、松陰だったわけですね。

渡辺　松陰は翌51年、藩主に同行して江戸を訪れます。このときに江戸にいる錚々《そうそう》たる知識人たちと会います。その1人が佐久間象山《さくましょうざん》（松代藩士兵学者）でした。彼との出会いで「西洋の真の姿を実際に見なくてはならない」と確信します。そこで、ロシア船入港の報を聞くや長崎に向かいましたが、プチャーチン艦隊は出港した後でした。

茂木　このとき、ちょうどクリミア戦争（1853〜1856年）が勃発しました。オスマン帝国領のバルカン半島へと南下を計るロシアに対し、イギリスとフランスが参戦。英仏連合艦隊がボスフォラス海峡を通って黒海に侵入し、クリミア半島のロシア海軍基地セヴァストーポリを攻撃します。日本近海でもイギリスの軍艦がカムチャツカ半島のロシア軍港を攻撃しています。

日本を脅かしていたイギリスとロシアが戦争をはじめたわけですから、日本は一息つけたわけです。当時は軍事小国だったアメリカにとってもこれは天佑《てんゆう》で、イギリス・ロシアに邪魔されずに日本との開国交渉ができる条件が整ったわけですね。

渡辺　江戸に戻った松陰は、日米和親条約締結に成功したペリー艦隊が伊豆の下田にやって来ることを知ります。ペリーは、開港されることになった下田の正確な海図を作りに来たのです。松陰はこのことを聞くと金子重之輔を帯同し、急いで下田街道を南下して下田にやって来ます。

下田街道の天城《あまぎ》山系を抜けた所にある村が、蓮台寺《れんだいじ》でした。そこには今もそうですが良質な温泉が湧いています。村人の温泉場で松陰たちが疲れを癒やしていたところを、近くに住む漢方医・村山行馬郎《ぎょうまろう》に誰何《すいか》されます。

茂木 ここで松陰は、密航の企《くわだ》てを洗いざらい話してしまうわけですね。これは持って生まれた性格なのか、自分の生命に頓着がないのか。
「密航は死罪」というのが当時の法でしたから、松陰はこの段階で「死」を覚悟されたのだと思います。後に安政の大獄で打首になったのも、老中暗殺計画を自白したのが決定的な理由でした。

渡辺 おっしゃるように松陰には最後まで嘘をつけない世渡り下手のところがあります。村山医師としては、そんなことを聞かされたら困ります。知らないで泊めてあげるのならいざ知らず、処罰されても軽いでしょうが、密航計画を告白されたうえで匿《かくま》ったとなれば共犯者です。松陰には幸いなことに村山医師は、それでも2人を屋根裏部屋に匿ってくれました。その意味で、松陰は罪作りな若者だったと言えなくもありません。

茂木 村山医師は死罪も覚悟していたという話もあります。私は当時の人々の心理に興味があり合理的に彼らの心の内《うち》を読むことを心がけています。しかし、このときの村山医師の心理を読む材料がありません。現状ではコメントできないのが残念です。

渡辺　松陰と金子が匿われた村山邸は今でも残っていますので、後ほど行ってみましょう。さて、村山邸の屋根裏部屋で、松陰は具体的な密航計画を練ります。小舟を使って夜陰に乗じてアメリカ船に乗り込むとは決めていたようですが、突然に現れるのでは拒否されるか下手をすれば殺されます。そこでペリー艦隊にあらかじめ彼らの来訪を知らせようと決めます。

茂木　「投夷書《とういしょ》」ですね。行動を起こす前に、密航したいことをアメリカ側に通告しておこうと。この辺も律儀というか、馬鹿正直というか……。

渡辺　先生のおっしゃるように、とにかく世界を見たい思いを切々と訴える文書を2通書き上げます。1つは和文、もう1つは漢文です。漢文であれば、当然に乗船しているだろう通訳を通じてペリー提督に伝わると思ったのでしょう。実際、ペリー艦隊には広東から連れてきた羅森《らしん》という通詞《つうじ》（通訳官兼商務官）が乗船していました。

茂木　この松陰密航事件のプランナーだったのが、蘭学者の佐久間象山だったと言われていますね。

渡辺 ええ、象山は投夷書の内容を知っていたようです。だから象山も事件に連座して、逮捕されています。

茂木 なるほど。ところで投夷書を書き上げた後、どうやってペリー艦隊に届けたんでしょう？

渡辺 2人は決行の前日に蓮台寺から下田港に出掛け、様子をうかがいます。すると上陸して散歩しているアメリカ水兵たちを見つけました。偉そうな軍服を着たアメリカ兵に、投夷書をそっと手渡します。手渡したというよりもポケットにねじ込んだのではないでしょうか。

茂木 それがペリーに届いたんですね。

渡辺　投夷書を受け取った水兵か士官かは、それを持ち帰り、主席通訳サミュエル・ウィリアムズと漢人通訳の羅森に渡します。それを羅森が清書し、ペリーに内容を報告しています。現物はエール大学に保管されているんですが、その写しが、これから見に行く村山邸の資料室にあります。

茂木　『ペリー提督日本遠征記』にも、引用が載っていますね。

渡辺　ペリーは投夷書の内容に感銘を受けたようです。後に、「このような若者がいる日本は必ずしっかりした国になると思った」と回想しています。

しかし当時はアメリカ海軍の4分の1の予算を使った日本開国プロジェクトが日米和親条約の締結で成功したばかり。さすがに、国禁を破った若者を乗せることで幕府との信頼関係を壊すわけにはいかない。

茂木　そこでペリーは、自分はこの若者たちに会わないことにした。

渡辺　通訳のサミュエル・ウィリアムズに対応を任せ、丁重に送り返せと命じていました。そうした事情を知らない松陰と金子が、夜陰に乗じて盗んだ伝馬船を漕いでペリー艦隊に向かったのが１８５４年（安政元年）４月25日午前2時過ぎでした。

今まさに私たちが立っているこの場所が、伝馬船を漕ぎ出した柿崎弁天島の浜辺です。その時間まで浜辺の小さな岩場にある弁天堂に潜んでいました。弁天様の小祠も残っています。

茂木　ここからいよいよ伝馬船を漕ぎ出し、ペリー艦隊の旗艦ポーハタン号に向かいます。艪《ろ》を受ける部分が壊れて使い物にならないので、ふんどしをほどいて艪を縛りつけて漕いだのは、有名な話ですね。

黒船に密航をするために伝馬船を漕ぎ出した下田湾

渡辺　2人を尋問したのはウィリアムズ通訳官ですが、この人は後にエール大学の最初の中国語部長になる人です。先ほどの「投夷書」をはじめ、エール大学図書館には、松陰の密航未遂事件（下田踏海事件）関係の資料が豊富にあります。関西大学の陶徳民《とうとくみん》教授が精力的に資料の発掘にあたっています。

茂木　ポーハタン号の甲板までたどり着いたのに、松陰たちはアメリカ行きを拒否され、ボートで岸に戻されてしまった。目の前が真っ暗になりますね。

渡辺　松陰と重之輔の2人は、午前3時45分頃には柿崎村の人気のない海岸に送り返されました。今日は行けませんが、送り返された場所にはそれを示す石碑が建っています。

2人は潔いというのか少し「青い」（未熟）ところがあったのか、密航に失敗したとして柿崎村の名主に

吉田松陰・金子重之輔の銅像

自首し、結局は下田の獄につながれます。下田の獄は、今は残っていませんが、その場所を示す碑があります。「青い」と言ったのは、これだけの覚悟があるのなら、なぜわざわざ自首するのか。次の機会を狙えばよいのにと思うからです。

実はうまくやった若者もいます。ペリーに続いて下田にやって来たのはプチャーチン提督が率いるディアナ号でした。ところが安政大地震で起きた津波でディアナ号は大破し、沈没してしまいます。西伊豆の戸田《へだ》港で代わりの船を造船してロシアに帰国する際に、このどさくさに紛れ込んでロシアに渡った強者がいます。それが橘耕斎《たちばなこうさい》です（1855年〈安政2年〉）。元掛川藩士だった彼はロシア語を学んで帰国し、日本最初の日露辞典などを作り、日本外務省に雇われてもいます。

戸田にも行ってみましょう。

茂木　2人の「青さ」があったことで松陰はいったん山口県萩《はぎ》に戻り、松下村塾で教えることになるのですから、「人間万事塞翁《にんげんばんじさいおう》が馬《うま》」（一見不運に思えたことが幸運につながったり、その逆だったりする。幸運か不運かは容易に判断しがたい、という意）ですね。

渡辺　ペリー提督の判断は正しかったと思いますが、提督はどうも２人の若者の今後を心配していたようです。下田の平滑獄《ひらなめごく》に船医のスポルディングをやって様子を探っています。また通訳のウィリアムズを使って、２人が極刑にならないように交渉させてもいます。幕府は厳しい処刑をしないと約束した、とペリー側の資料には残っています。

茂木　国禁を犯したのに「萩で蟄居《ちっきょ》」、つまり自宅軟禁というのは、幕府にしては穏便な裁きでしたね。

渡辺　先生のおっしゃるように、ペリーの歎願《たんがん》がなければ早い段階での処分（極刑）がありえました。そうなると、後の松下村塾での教育もなく、高杉晋作、木戸孝允、伊藤博文などの維新の傑物も生まれなかった。

下田踏海事件の詳細を知れば、ここは歴史を学ぶ楽しさが味わえる場所です。いろんなＩＦ（イフ）を想像して見てほしいですね。「ＩＦは歴史に禁物」などと言う学者がいますが、ＩＦを考えるからこそ歴史は楽しいのです。ＩＦを考えるからこそ、歴史が現代の鏡になりえる。そう思っています。もちろんその「ＩＦ」はあくまで合理的推論でなくてはなりませんが。

茂木　歴史学の論文では「これこれの史料からこういうことが証明できた」と書かなければならないので、「史料にないことを勝手に想像するな」という意味だと思います。一般人が歴史を楽しむときに「もし○○だったら」とシミュレートしてみるのは楽しいし、それこそが歴史の醍醐味《だいごみ》とも言えますね。

渡辺　柿崎の浜は一部埋め立てられていて、そこに吉田松陰・金子重之輔の像が建てられています。この像の前で写真を撮れば下田訪問の良き思い出になります。萩の松下村塾を訪れるときの参考になると思います。

スポット情報

柿崎弁天島《かきさきべんてんじま》
静岡県下田市柿崎27-20付近　Ⓟあり
アクセス方法　伊豆急下田駅から徒歩約20分

02

下田

吉田松陰が密航直前に隠れた屋敷

下田蓮台寺　村山行馬郎《むらやまぎょうまろう》邸（村山邸）

渡辺　ここが前項の下田踏海事件の現場で話題にした、村山行馬郎邸です。この邸のすぐ前にある村の湯治場で吉田松陰・金子重之輔の2人が疲れた身体を癒やしているところを、村山医師に見つかりました。

この村は蓮台寺と言って、下田街道を抜けたところにあり、下田港まではおよそ4キロメートルほどです。警戒が厳重な港からもほどほどに距離があります。温泉も豊富で旅人はほっとする場所でした。2人も一息ついていたのでしょう。『伊豆の踊子』を書いた川《かわ》端康成《ばたやすなり》も、ここを訪れています。川端がやって来た頃には、ここを流れる稲生沢川沿いに下田港まで馬車鉄道が敷かれていました。

茂木 松陰は疥癬《かいせん》――皮膚ダニが引き起こす湿疹に苦しんでいて、その療養のために温泉を探していたのですね。

渡辺 松陰の療養を兼ねて、2人はこの蓮台寺村で暫く潜みながら港の様子を探ろうとします。そんなことを考えているところを村山医師に誰何《すいか》されました。

茂木 そこで先ほどお話ししたように、密航計画を村山医師に打ち明けてしまいます。

旧村山行馬郎邸の外観

渡辺　私にはこれがどうも腑《ふ》に落ちません。至誠通天——至誠《しせい》天に通《つう》ず（誠の心を尽くして行動すればいつかは必ず天に通じ認められる、という意）が松陰先生の素晴らしさですが、一途過ぎるところがある。打ち明けられた村山医師の困惑はいかばかりかと心配になります。幸いこの時は「至誠天に通」じて、村山医師は２人を匿うと決めてくれました。

村山邸内に入ってみましょう。入って直《す》ぐの土間の右手に内風呂があります。当時は温泉が引かれていました。松陰先生は、疥癬に効くという温泉の湯に足をよく浸していたそうです。

茂木　生々しいですね。ここに松陰先生が浸かっていたのか……。

吉田松陰の入った風呂が今も残る

渡辺　この土間の真上に屋根裏部屋があります。上がってみましょう。今は梯子《はしご》が見えていますが、隠してしまえば、こんなところに部屋があるとは誰も分かりません。

茂木　狭い階段を登ります……ええっ、広い！

渡辺　驚かれたと思いますが、ここには十分な広さがあり、明かりもとれる窓があります。蓮台寺村にもこんな秘密の部屋がある邸など、そうそうあるものではありません。

いずれにせよ素晴ら

吉田松陰と金子重之輔が身を寄せた屋根裏部屋への階段

屋根裏部屋が想像以上に広く立派なことに驚く

しい空間のあるこの屋根裏で、松陰たちは先ほどお話しした投夷書を書き上げました。準備の草稿があり、佐久間象山が指導したようです。

茂木　1階のたたみの部屋はちょっとした展示室になっていて、アメリカ艦隊宛てに松陰が書いた漢文の「投夷書」のコピーが展示されています（写真❶）。

渡辺　どうもこれは松陰先生の自筆ではなく、通訳の羅森が清書したものの複写らしいです。先ほどお話しした関西大学の陶徳民教授がそう書いています。

投夷書は「日本国江戸府書生、瓜中萬二《かのうちまんじ》、市木公太《いちきこうた》、呈書」と始まっています。

これは松陰の偽名です。吉田家の家紋（写真❷）には「五瓜《ごか》に左万字」が描かれています。松陰は「瓜の

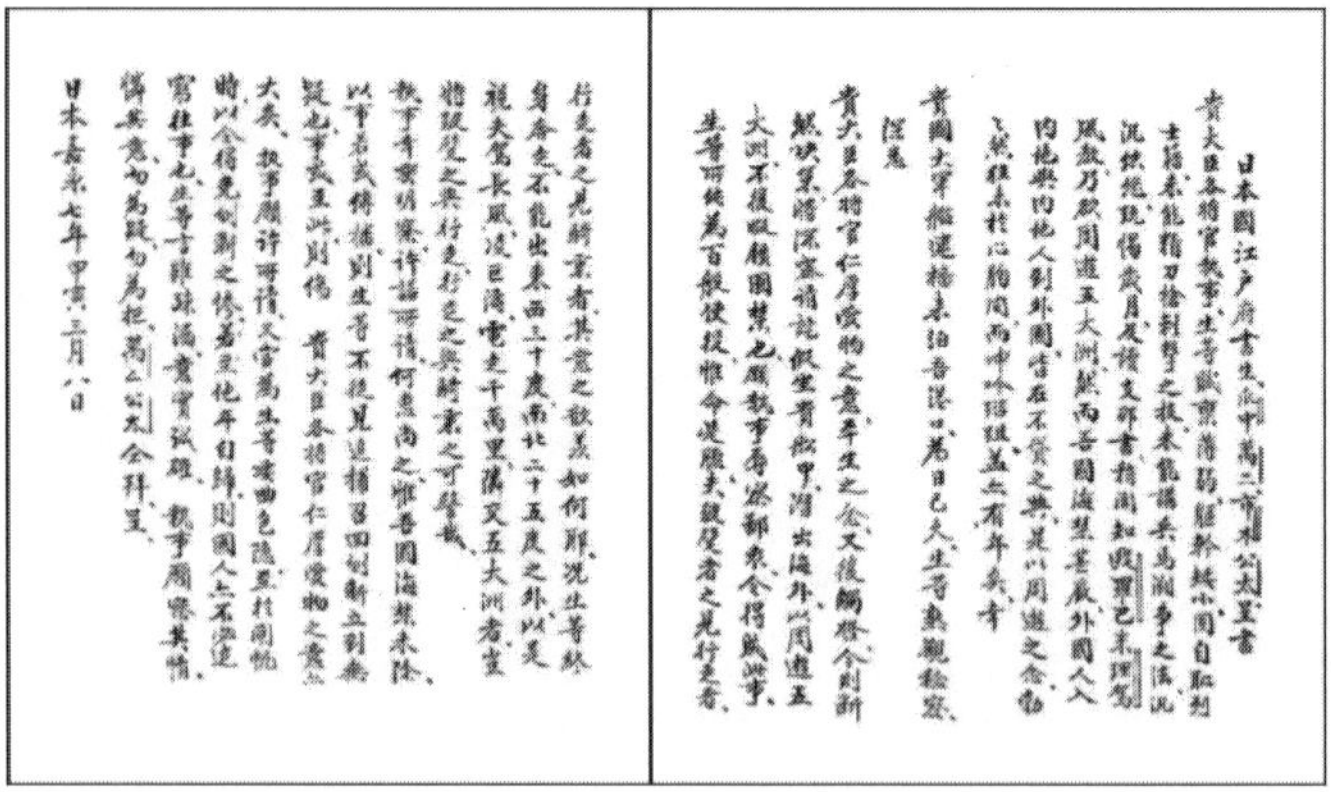
日本國江戸府書生瓜中萬二市木公太呈書

❶羅森の清書した投夷書

中の卍」を意味する「瓜中萬二《うりなかまんじ》」という巧妙な偽名を使ったのです。

面白いのは、投夷書では「瓜」ではなく「爪」となっています。松陰の自筆であれば間違うはずのない「瓜」の字に点がありません。羅森が清書したときに写し間違えたのでしょう。「瓜に爪あり、爪に爪無し」といってこの似た2つの文字を区別しますが、羅森にはどちらが正しい苗字か分からなかったのでしょう。

陶教授は投夷書にある「仁厚愛物」という言葉に注目しています。2度出てきます。要するに、「ペリー提督は『仁あり愛情に溢れた人物』であるから我々の願いを聞き入れてくれるはず（べき）である」と訴えているのです。確かにペリー提督は「仁厚愛物」の人柄だったようでしたが、松陰の願いは叶いませんでした。

茂木　東アジアの共通語は長い間、漢文でした。日本でも明治期まで、漢文を自在に操れることが最低限の教養とされていました。日本語のできるアメリカ人も、英語のできる日

2 吉田家家紋：五瓜《ごか》に左万字

本人もいなかった時代に、両者がコミュニケートする言語は、オランダ語か漢文しかありません。ペリーが香港で羅森という中国人を通訳として雇ったのは、そういうわけですね。

渡辺　村山医師の御子孫の方がこの邸を下田市に寄贈してくれたことで、こうして私たちは激動の幕末の一場面を具体的に目にすることができます。関係者に感謝ですね。

ところでこの蓮台寺には金鉱山がありました。伊豆はもともと太平洋の真ん中にあった火山島が移動して日本本島（本州）に衝突してできた半島です。それだけに金山も多い。現在下田市内に供給されている温泉は蓮台寺金山の坑道から湧き出ているものを利用しています。鉱山そのものは廃坑になっています。

茂木　渡辺先生のご自宅にも天然温泉が供給されているとか。うらやましい……。

スポット情報

村山行馬郎邸
静岡県下田市蓮台寺300-1　9時から16時　休水　料大人100円、小中学生50円　Pあり
アクセス方法　伊豆急行・蓮台寺駅から徒歩15分　伊豆急下田駅から大沢行バス15分「弥五平口」下車　徒歩1分

03

下田

初代アメリカ総領事館 玉泉寺《ぎょくせんじ》

ハリスの執務室跡と資料館

茂木　玉泉寺にやって来ました。ペリーが幕府と結んだ日米和親条約では、下田と箱館（函館）の開港、アメリカ領事館の設置が定められました。

領事（consul）というのは自国民保護と通商管理を任務とする外交官で、例えばアヘン戦争でイギリスが清国の5港を開港させたとき、5人の領事を送り込んでいます。アメリカが下田に送り込んだ初代領事が、タウンゼント・ハリス（写真1）です。最初は領事館の建物もありませんから、この玉泉寺というお寺を領事館にしたわけです。

渡辺　茂木先生のおっしゃるような経緯で、タウンゼント・ハリスが赴任してきました。ただ、すんなりとそうなったわけではありません。日米和親条約第11条に大きな問題があったのです。実は第11条は英文と和文が異なっていました。英文では「アメリカが望めば領事館を開くことができる」とされていましたが、和文では「領事館開設には日本側の同意が必要」と書かれています。

なぜこんな齟齬《そご》が生まれたのかは拙著『日本開国――アメリカがペリー艦隊を派遣した本当の理由』（草思社文庫）に書きました。故意に英文・和文の異なる条文を作っていた。それは幕閣とペリー提督の秘密の了解事項であったというのが、私の推理です。

いずれにしても、下田奉行所とハリス一行の間で一悶着ありました。ハリスと通訳のヒュースケンを下田に運んだのが軍艦サンジャシント号です（下田港入港1856年〈安政3年〉8月22日）。

1 タウンゼント・ハリス

アメリカ側は揉めることを分かっていたと思います。揉めている間、サンジャシント号は下田湾に留まり、無言の圧力をかけていました。幕府が折れて玉泉寺（写真2、3）に領事館を置くことに同意すると、この境内に星条旗が揚がりました。サンジャシント号はその星条旗を見て、ようやく下田港を離れたのです（9月4日）（写真4、5）。

もちろん私の推理からすれば、これも日米のやらせだということになります。幕府は攘夷派の手前、揉めて見せなくてはならなかった。だからとりあえずは揉めるが、結局はサンジャシント号の威圧に負けて領事の赴任を認めたことにしたのだと思っています。

23玉泉寺本堂

茂木　ガイアツを利用して国内の反対を抑え込むという日本政府の悪癖が、ここから始まったのか（笑）。

ところでハリスは、プロの外交官ではなく、貿易商人でしたよね。アヘン戦争で開港した清国の寧波《ニンポー》で貿易を営んでいたとか……。

渡辺　当時のアメリカには専門の外交官は少なく、商人に領事業務を兼任させていました。これを商人領事（merchant consul）と言います。商人だったハリスを日本の領事にすることは特別なことではありません。その彼が開国された日本に行きたいとワシントン政府に請願したらＯＫがでます。ハリスは、当時の国務長官ウィリアム・マーシーと懇意だったのです。

『野蛮人と芸者』（The BARBARIAN and the GEISHA）（写真6）という古い映画があります。茂木先生の生まれる前の１９５８年（昭和33年）の「天然色が売り」の映画ですから先生は観た

4 日本で初めて星条旗が掲げられたと言われる場所

5 玉泉寺から下田港を望むことができる

ことはないと思います。当時のスター俳優ジョン・ウェインがハリス役、東大卒のインテリ俳優山村聡が下田奉行役です。時代考証がでたらめで江戸のロケ地が奈良というトンデモ映画ですが、領事館開設でウェインと山村が揉める場面はしっかりと描写されています。

茂木 「野蛮人」はアメリカ領事ハリスを自嘲しているのでしょうか。「芸者」はお吉《きち》さんですね。「唐人お吉」のお話で有名になり、下田では観光化されています。ハリス領事の身のまわりの「世話役」あるいは「看護師」として幕府が派遣したのがお吉でした。しかしハリスは、お吉にできものがあるのを理由に3日で追い返しています。スパイと疑った可能性もあります。「ハリスの愛人だった」というのは作り話ですね。とにかくハリスもお吉も、この玉泉寺にいたわけです。

渡辺 それでは玉泉寺の境内に入ってみま

6 1958年映画『野蛮人と芸者』（邦題は「黒船」となっている）ハリス役はジョン・ウェイン、唐人お吉役は安藤永子

しょう。正面からみると、開国の頃に描かれた寺の佇まいとほとんど変わらないことに驚きます。1つだけ違うのは屋根が風格ある銅板葺《どうはんぶき》で、緑青が見事です。この屋根にまつわるエピソードについては後ほどお話しします。

茂木　玉泉寺は禅宗、曹洞《そうとう》宗のお寺ですね。下田は曹洞宗が多いですか?

渡辺　曹洞宗と日蓮宗が多いようですが、各宗派の寺が仲良く混在しています。ペリーが日米和親条約を結んだ了仙寺《りょうせんじ》は日蓮宗です。プチャーチンが日露和親条約を結んだ長楽寺《ちょうらくじ》は真言宗。宝福寺《ほうふくじ》は浄土真宗で、今は「唐人お吉」の墓のあるお寺としてアピールしています。

茂木　おっ、ここがハリスの執務室ですか……(写真**7**)。

渡辺　天井板も当時のままの部分が見えています。ハリスは、ここで蚊に襲われ、駆け回る大ネズミに苦労したと書き残しています。それでも工夫して快適な空間をつくろうとしました。壁に穴をあけたらしいところが見えますが、これはストーブの煙突用の穴でした。今は塞がれているので、方丈さん（曹洞宗で「和尚さんの意」）の説明で気付きました。

茂木 当時、ここ下田で西洋人はアメリカ領事ハリスとオランダ人通訳のヒュースケンだけ。江戸から遠い下田を開港したのも、アメリカ人を江戸に入れたくないという幕府の深慮遠謀ですね。

渡辺 ハリスは、下田ではまともな交渉はできないと気付きます。そこで何とか江戸に領事館を作らなければならないと考えます。政権中枢部に近いところに夷狄《いてき》（外国人）を近づけないのは鎖国政策をとる国の常でした。

例えば、イギリスはアヘン戦争（1840年）に勝利し、清国を開国開港させましたが、北京に領事館（大使館）を作らせてはもらえませんでした。北京に外交官を置けたのは第二次アヘン戦争（アロー戦争）で、英仏両軍が

7本堂内・ハリスの部屋

大軍を遣り北京を制圧した後です。

茂木　アメリカ政府はハリスには交渉のための軍事力を与えませんでしたから、口八丁手八丁の説得による交渉しかありませんでした。

なぜハリスには軍事力が与えられなかったのか、アメリカ政府の思惑はどうだったのか。CGSというネット番組で渡辺先生と対談していますので、ご興味のある方はどうぞ。

（「違う角度で見て焦点を合わせる！　対談本の制作秘話【CGS　ケミストリー　第24-2回　渡辺惣樹　茂木誠】」）https://youtube.com/watch?v=/7LBJLMRJaL8

渡辺　境内を歩いてみましょう。本堂に向かって左手の高台には、アメリカ水兵や軍医の墓が5基建っています（写真**8**）。歴代の米駐日大使は赴任中に一度はここで献花するのが慣例だったようですが、オバマ政権のキャロライン・ケネディ大使はなぜか来ませんでした。私は彼女には歴史的考察ができる能力がなかったと疑っています。

茂木　本堂向かって右手には資料館が併設されているんですね。

渡辺　当時の資料が展示されています。ここに若い頃のハリスの写真があります。かなりのハンサムだったことに驚きます。渋沢栄一関連の資料もありますが、渋沢と玉泉寺の関係は深いものがあります。これも後ほどお話しします。

資料館の裏手には、ロシア兵の墓所があります。ペリー艦隊に遅れて入ったロシア艦隊の水兵の墓です。

茂木　門をくぐって直ぐの右手には大きなハリス顕彰記念碑が建っていますね（写真9）。

「一八五六年九月四日、初めて日本帝国の一画に領事館、領事旗、旗を揚げ翌年、一一月二三日までこの地に居住し、五八年四月二九日、江戸条約によって、日本の門戸を世界に開きたる、アメリカ総領事タウンゼント・ハリス記念のため、この碑を建つ」と書かれています。

渋沢栄一がこの碑を建てたんですね。

8 アメリカ黒船乗員墓地

渡辺　玉泉寺を訪れる観光客は多いのですが、この碑について詳しく知る人はほとんどいません。実は、日米関係の変遷を知るうえで重要な碑なのです。

およそ100年前の1923年（大正12年）9月1日、関東大震災がありました。東京や横浜が壊滅的打撃を受けて日本中が打ちひしがれました。日本が再建に苦しんでいた翌24年（大正13年）、アメリカ議会は日本人のアメリカ移住を禁止しました（排日移民法）。

当時の日本は国際連盟の理事国で、第一次世界大戦中はアメリカやイギリスの対独戦争に協力しました。そうでありながら戦争が終わると、アメリカは露骨な人種差別政策をとりました。これに日本国民は激しく反発し、日米関係が急速に悪化しました。東京溜池山王のアメリカ大使館脇で抗議の割腹自殺をした人まで出ています。

9 タウンゼント・ハリスの記念碑

茂木　アメリカでの日本人排斥が日米戦争の遠因だった、と昭和天皇も懐古されていますね。

第一次世界大戦で無傷だったアメリカは輸出の急増で「黄金の20年代」を迎えました。豊かさを求めて移民が殺到した結果、従来のアメリカ人（イギリス系白人／WASP《ワスプ》）との軋轢《あつれき》が生じます。移民を支持基盤とする移民歓迎の民主党vs.受け入れに慎重な共和党という対立構造は今でもありますが、当時、日本人排斥を主導したのは民主党でした。立場は今と逆でした。1924年の移民法は共和党のクーリッジ政権下で成立しました。日本人とユダヤ人の移民が、完全に締め出されました。

渡辺　カルビン・クーリッジ大統領は、共和党の大統領だっただけに、排日移民法に反対だったのです。予算を人質に取られて、議会の反日政策を抑えられなかった。悪化した日米関係を何とか改善しようと日本に理解の深いシカゴの法律家エドガー・バンクロフトを駐日大使に任命しました（1924年9月）。

茂木　それは知りませんでした。日本側は安堵したでしょうね。

渡辺　ところがその翌年の7月、バンクロフト大使は避暑先の軽井沢で急死します。日米関係の改善を日本の財界人も願っていました。その1人が渋沢栄一でした。渋沢は、大使の死を惜しみ、日米関係の原点でもあるこの玉泉寺にハリス顕彰碑を建て、併せてバンクロフト大使の死を惜しんだのです。除幕式での渋沢のスピーチ原稿が残っていますが、胸を打つ内容です。渋沢が達筆であることもよく分かります。

先ほど寺の屋根が銅板葺になっていることをお話ししましたが、この費用を工面したのも渋沢でした。日米関係の始まりのこの寺をしっかりと後世に残したいとの思いがあったのです。

アメリカという国は大統領と議会が交互におかしくなることがよくあります。この時代はアメリカ議会が、反日のカリフォルニア州の議員に引きずられて狂った時代です。バイデン政権は議会も大統領府も両方狂っていましたが、中間選挙（2022年〈令和4年〉11月）で、下院だけは共和党が多数派になりました。ようやく議会がまともになりそうです（苦笑）。

茂木　アメリカの「反日」に呼応するかのように、昭和恐慌期の日本では「反米英」の論調が急に強まりました。渋沢や高橋是清《これきよ》のような人たちは「新英米派」とレッテル貼りされ、テロの標的にもなっていきますね。

渡辺　ここにある碑も、戦時中は敵国の大使を顕彰する碑だとして敵視されました。破壊の動きもあったのですが、ここ玉泉寺の今の方丈さんの村上文樹さんの祖母にあたる方が身を挺《てい》して守ったと聞いています。今この顕彰碑を見ることができるのも彼女のおかげです。

茂木　ハリスの着任から日米戦争まで、約100年間の日米関係を見通せる場所ですね。

渡辺　先生のおっしゃるように日米関係は時代とともに大きく変化しました。ここ玉泉寺の境内で、時代のうねりを肌で感じることができれば、歴史通といえます。

スポット情報

玉泉寺
静岡県下田市柿崎31-6　9時から17時　休 年中無休　P あり
アクセス方法　伊豆急下田駅より徒歩25分　伊豆急下田駅から須崎・爪木崎方面行バス10分「柿崎神社前」下車　徒歩2分

04

下田

玉泉寺に思いを込めた渋沢栄一

開国の象徴を後世に残すために尽力した財界人たち

渡辺　玉泉寺の方丈（和尚）さんに、境内にあるハリス記念館を案内していただきながら、渋沢栄一と玉泉寺とのご縁についてお話しいただきたいと思います。

村上禅師　英文で書かれた石碑が庭に建っていたでしょう？　石碑の裏側には渋沢先生の直筆を刻み込んだ文字があります。渋沢先生が87歳のとき、これを半日で書き上げました。見事な達筆ですよね。集中して、これだけの字を書かれました。しかもこれだけ大きい字だから、おそらく板の上に乗って書かれたもので、87歳のお体では大変なことだったと思います。

この文は、渋沢先生と娘さんの歌子《うたこ》さん、歌子さんのご主人で東京帝国大学（現在の東京大学）法学部学部長を務めた穂積陳重《ほづみのぶしげ》さんの3人で、何度も何度も推敲して作ったものだそうです。

これほど大きな渋沢先生の書は、東京にある渋沢史料館にもありません。ここにあるものが一番大きな拓本《たくほん》です。

渡辺　これは本物の拓本ですか？

村上禅師　原本があるはずですが、その現物がどこにあるかは分かりません。最初は「これだけのものを書いたのだから掛け軸にしよう」と言って、原本を掛け軸にしたそうです。そのことは記録にも残っています。けれど、その現物が今も残っているのかどうかは、分かりません。

茂木　穂積さんは四国の宇和島藩のご出身ですね。渋沢歌子さんと結婚するとき、仲人を務めたのが同じ宇和島藩出身の児島惟謙《いけん》でした。来日したロシア皇太子ニコライが斬り付けられた大津事件の裁判で、犯人の極刑を求める政府の圧力に屈せず、司法の独立を守った方です。それにしても字がお上手で、素晴らしいですね。これがすべて渋沢先生の直筆だということに驚きます。

村上禅師　歌子さんの直筆もありますよ。石碑の除幕式で渋沢先生がここ（玉泉寺）にいらっしゃったときに、娘の歌子さんと孫の渋沢敬三《けいぞう》さんを連れて来られました。そのときの写真にも写っています。

渡辺　敬三さんは東京で私塾を開いていましたよね。

タウンゼント・ハリスの記念碑除幕式に向かう前に新井旅館の玄関で撮影した写真。中央が渋沢栄一

「アチック・ミューゼアム」といって日本の民俗学者が集まっていました。私の歴史の師匠だった人は、その敬三さんの塾に入り浸っていた人でした。私が歴史の世界に入るきっかけになった人です。

茂木 なぜ渋沢栄一は、玉泉寺のことをそこまで気に掛けていたのでしょうか。

村上禅師 渋沢先生の手によって玉泉寺を大修繕するきっかけをつくった人物は、2代前の住職である私の祖父です。昔は僧侶は結婚しなかったため、亡くなると次の住職をよそから探してきます。先代住職が亡くなった際に白羽の矢が立ったのが24歳だった祖父で、ここにやって来ました。

ただそのときの玉泉寺は、かなり荒れ果てていたそうです。ハリスやヒュースケンが去ってから60年が経っていました。外交の起点となる場所だったことも忘れ去られつつあり、祖父は何も知りませんでした。

けれど境内をまわると、ロシア人やアメリカ人の墓があるので疑問に思い、村の人たちに「ここはどういうお寺だったのか」と祖父が聞くと、玉泉寺では過去にいろいろなことがあって重要な歴史の舞台だったことが分かりました。そこで、荒廃したお寺を復興し、後世に残す運動を地元で始めたのです。

ところが当時は大正時代の半ばです。趣旨には賛同してくれるけれど、行政は動かないし、村の人もお寺のためにお金を出すのは難しい状況でした。そのため祖父は地元での運動を諦《あきら》めて「玉泉寺史跡保存の趣意書」を持って東京に行き、支援者を探しました。１９２１年（大正10年）５月頃のことでした。

いろいろな人にめぐり合うなかで、渋沢先生を紹介されました。

祖父は26歳、渋沢先生は83歳くらいだったでしょうか。渋沢先生のお屋敷で直接お話ししたそうですが、祖父は緊張して話したかったことの10分の1も話せなかったらしい。けれど渋沢先生はハリスの功績を十分に知っており、「ハリスの寺は将来に残すべきだ」と立ち上がってくれました。

ところが、その運動が始まった直後に関東大震災があり、東京の渋沢事務所も焼けてしまいます。

祖父は玉泉寺復興計画はなくなったものだと諦めて、せめてお見舞いだけでもしようと再び渋沢事務所へ行きました。すると渋沢先生のほうから「玉泉寺復興計画は、少し規模を小さくするけれど続行する」とのお話があって歓喜したのです。
　渋沢先生が立ち上がってくれたことで、関東大震災後にもかかわらず事業はトントン拍子に進み始めました。「渋沢先生という偉い人が東京で玉泉寺修繕に向けて動き出した」という話が伝わると地元の行政や檀家さんなども動いてくれました。浄財を出し合い、渋沢先生ご自身は日米協会やアメリカ大使館を動かし、本堂の大修繕が行われました。その修繕に合わせて、この石碑が建てられたのです。

渡辺　いつもここに来て不思議だなと思っていたのが、本堂の屋根です。とても立派な屋根で、なぜこんなにも立派な屋根なんだろうと思っていたのですが、これは渋沢先生の浄財でしょう？

村上禅師　そうです。1927（昭和2年）に渋沢先生が茅葺屋根を銅板の屋根に取り換えてくれました。その事業費は当時のお金で1万円です。昭和初めですから、おそらく現代のお金にすると5000万円から8000万円だったと思います。
　ここに、渋沢先生とご友人たちの写真があります。日米協会会長などを務めていた樺山《かばやま》愛輔《あいすけ》、大倉財閥の創設者である大倉喜八郎《おおくらきはちろう》、当時の東京市長である阪谷芳郎《さかたによしろう》、それから徳川家16代目の家達《いえさと》公爵も写っています。

ここに石碑を囲う柵があるでしょう？　これ、もともとは砲金、いわゆるガンメタルだったそうです。けれど太平洋戦争が始まると、全部外されて大砲の弾に変わり、しばらくの間ここには竹がさしてありました。それをアメリカ海軍が軍艦の鎖を提供してくれたのです。そのことは昭和20年代前半にアメリカ人が撮った写真から、最近分かったことです。

茂木　ガンメタルというのは、大砲に使う銅合金のことですね。今のこれは、アメリカ海軍の軍艦の鎖なんですね。

村上禅師　そうです。このハリス記念館にはタウンゼント・ハリスの記念碑除幕式（昭和2年10月1日）のときに渋沢先生が配った記念の盃《さかずき》もあります。

みんなが玉泉寺に集まる前日には、伊豆・修善寺の新井旅館に宿泊されました。その新井旅館は現在も残っていて登録有形文化財になっています。旅館にも、これと同じ写真がありますよ。

渡辺　新井旅館を朝出発するときの写真ですね。

村上禅師　はい。後列に着物の女性が2人いるでしょう？　渋沢先生の後ろにいる女性が、渋沢邸で雇っていた看護師です。渋沢先生はこのとき87歳でしたから、看護師も一緒についてきていました。右側の女性が歌子さんの家にいた女中さんです。左側に写っている車で沼津からいらっしゃいました。

当時は道路も補装されていませんからガタガタ道だったと思います。この車はたしかフォードで、これを2台、渋沢邸から沼津へ先にまわして、運転手が沼津駅で、電車で来るご一行を待ちました。そこからこの車に乗って、修善寺の新井旅館に泊まり、玉泉寺に向けて出発されました。

面白いのが、この2人の女性は偶然2人とも下田の人でした。1人の女性のことは分かっていたのですが、もうお1人は名前しか分かっていなかった。一昨年に新聞の連載に「この女性のことを知っている人は連絡してほしい」と書きました。すると新聞が出た朝一番に私の知っている人から電話がかかってきて、「その人は私のお茶の先生ですよ！」と言うわけです。

茂木　おおっ、世間は狭いものですね（笑）。

村上禅師　下田蓮台寺の方だそうで、もうお1人の看護師さんは伊豆白浜の人でした。ご子孫に写真をコピーして差し上げたら、とても喜んでくれました。

渡辺　新井旅館は尾崎紅葉や芥川龍之介などの文豪も宿泊した老舗ですね。一度は泊まってみたい宿です。

05
下田

ハリスが歩いた海岸が特攻基地に

700メートルほどの石畳の道・ハリスの小径《こみち》

茂木　弁天島から少し行った場所、そして玉泉寺から400メートル離れた海岸沿いに、初代アメリカ総領事ハリスがしばしば散歩した「ハリスの小径」があります。すごく海がきれいです。海沿いに700メートルほど石畳の道が続いています。

渡辺　ハリスが幕府との交渉で狙っていたことは、江戸に領事館を移すことと、貿易の開始です。ところが当時のワシントンは開国させただけで満足していて、日本との貿易にそれほど期待していませんでした。そのこともあり、ハリスの通商交渉を軍事力（艦隊）でバックアップしていません。この頃支那（中国）では大混乱が起こっていて、アメリカ海軍はアメリカ貿易商や宣教師の保護で手いっぱいだったからです。

茂木　太平天国《たいへいてんごく》の乱（1851～1864年）ですね。アヘン戦争の敗北で弱体化した満州人王朝の清朝に対して、漢人が起こした独立運動です。洪秀全《こうしゅうぜん》が率いる反乱軍は上海の外国人居留区まで迫っていました。この太平天国の情報を、例のペリー艦隊の通訳官・羅森がまとめた報告書（「南京紀事」）を吉田松陰が入手して、翻訳していますね。

渡辺　そんな状況でしたからアメリカ国務省の関心は

ハリスの小径　入口

清国に集中し、日本のことはハリスにお任せという態度でした。ですから彼の元には本国から指示がほとんどない状況でした。「自分は世界でもっとも孤独な外交官」と言って自嘲したのは、それが理由です。ハリスは孤独を慰めるために海岸近くをよく散歩しました。今歩いている小径がそうです。

茂木　160年前から変わらないような、美しい磯が続いています。

渡辺　寂しさを紛らわせたのは小径沿いに咲くカメリアの花だったとハリスは書き残しています。伊豆半島の海岸線にはハリスがカメリアと表記したヤブツバキがたくさん自生していて、冬でも赤い花を咲かせます。それが彼の心を癒やしました。

優雅な時が流れる遊歩道

右手には穏やかな下田湾があり散歩には最適な遊歩道です。私はこの港に、海が好きな加山雄三さんの光進丸が碇泊していたのを見たことがあります。今は火災で廃船になりましたが。

小径を歩くとまず目に入るのが、石炭積み出しに使われた桟橋の4つの橋脚です。小径から湾に向かって延びる残骸が残っています。下田港に入った蒸気船に石炭を供給していた場所です。小径の脇に石炭貯蔵庫もありました。

もう少し歩くと「至誠通天」の碑があります。これは豆陽中学（現下田高校）出身の政治家土屋義彦《つちやよしひこ》氏が建てたものです。先生の育った埼玉県の知事も務めています（任期：1992〜2003年）。彼も松陰に心酔していたのでしょう。下田踏海事件を思って、ここに至誠通天碑を建てたのです。

茂木　私が物心ついた頃から大学生時代まで、埼玉は畑和《はたやわら》という革新知事が長〜く治めていました。それに終止符を打ったのが、参院議長から埼玉県知事に転身した土屋さんです。下田で育った方だとは知りませんでした。

渡辺　この小径にはハリスの時代にはなかった大きな洞窟がいくつかあります。これらの洞窟は、いわゆる戦争遺跡の1つです。

戦争末期、アメリカ海軍船が伊豆半島近くにやって来ることは当然に予想されました。それを迎え撃つ特攻兵器が、「震洋《しんよう》」と呼ばれたモーターボートでした。火薬を積んで船腹に体当たりする兵器です。伊豆半島の入り江近くには、その「震洋」を隠す洞窟がたくさん掘削されました。ここに見えるのがその1つです。「震洋」がこの近海で実際に出撃したことはなかったようですが、フィリピン戦線では実戦投入されているようです。

茂木　特攻モーターボートですね。高知県の住吉海岸では爆発事故を起こして100人以上の若者が亡くな

戦時中、日本の特殊兵器「震洋」を格納していた洞窟

っていますね。敗戦の前日です。

渡辺　私はその現場に行って手を合わせたことがあります。このような戦争遺跡はこの小径沿いだけではなく、下田湾のすぐ外の海底にもあります。当時の海の特攻兵器には「震洋」だけでなく「海龍《かいりゅう》」という特攻潜水艦もありました。その「海龍」が、下田港の防波堤のすぐ外の海底に沈んでいます。

　これを発見したのは、下田市に本社を置く、海洋調査会社ウインディーネットワーク（杉本憲一社長）です。つい最近のこと（２０２１年）ですから、知る人は少ないです。

　そもそも学校教育であの戦争のことをあまり教えないようですから、戦争遺跡については、子どもたちはほとんど知らないでしょう。戦争は起こしては

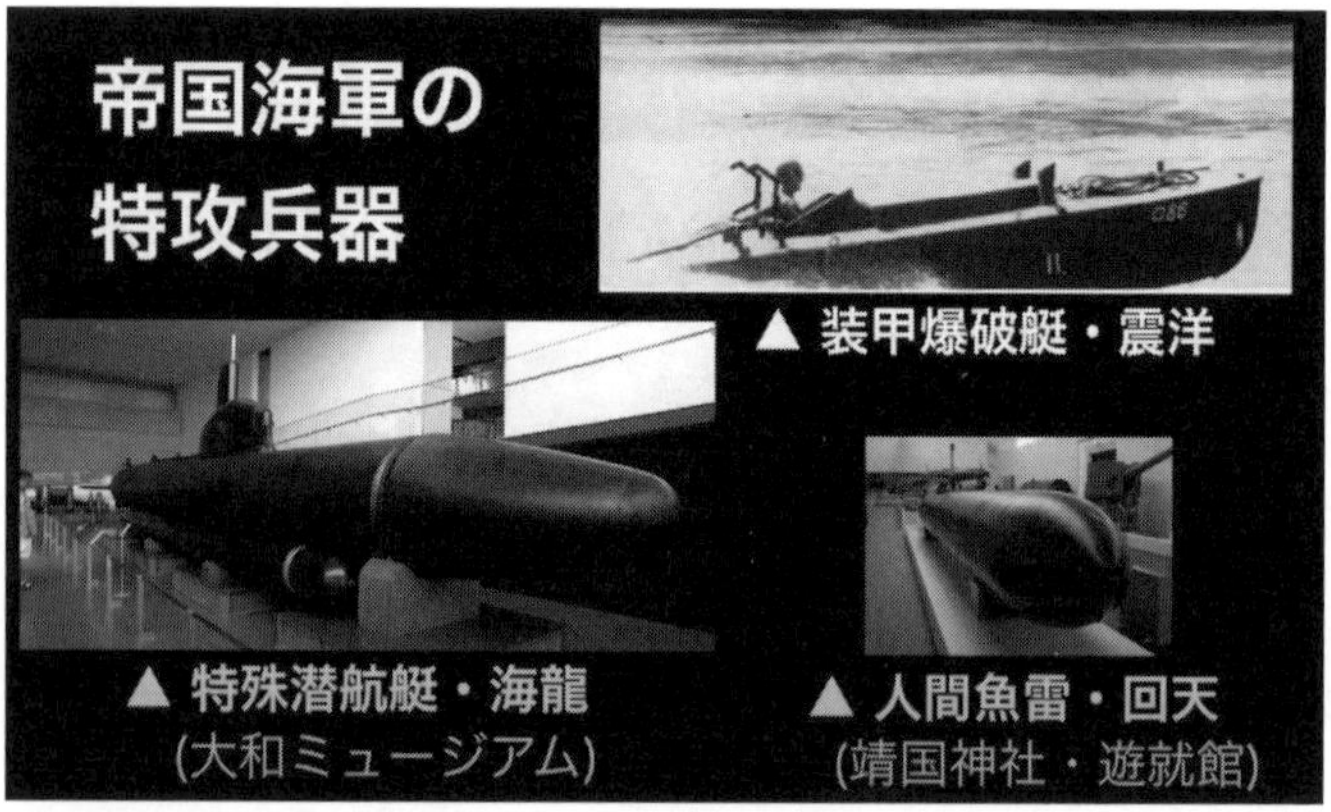

下田には全国から特攻作戦に出撃するべく兵器が集められた

ならないけれども、国を攻められたら戦わなくてはならない。その意味でこうした戦争遺跡は後世に残したいですね。

茂木　戦争の悲惨さについてはこれでもか、と教えますが、「どう戦ったのか」については触れようとしないのが、いわゆる「平和教育」です。タウンゼント・ハリスをしのびながら歩ける「ハリスの小径」ですが、日本開国から日米衝突までのおよそ90年間の歴史を感じさせる遊歩道でもありますね。

渡辺　夕方歩けば湾の向かいの岬（下田城址／鵜島《うじま》城跡がある）の裏に沈んでいく夕陽が美しいです。ハリスも同じ夕陽を見たのでしょう。今日はご案内できませんが、鵜島城は秀吉公の小田原攻め（1590年〈天正18年〉）のときに落ちました。

スポット情報

ハリスの小径
静岡県下田市柿崎38　Ｐなし
アクセス方法　伊豆急下田駅から伊豆下田バス　須崎方面行10分、「腰越」下車より徒歩1分
特殊潜航艇「海龍」発見の記事と動画リンク先　https://look.satv.co.jp/_ct/17474198

06

下田

下田沖にひそかに沈む特攻兵器

海底に眠る歴史の宝を調査するウインディーネットワーク社

茂木　今日は下田にあるウインディーネットワークという会社の、杉本憲一社長にお話を伺います。ウインディーネットワークではさまざまな事業を展開されていますけれど、今回伺っているこの場所は、海洋調査技術の研究所ですね。

杉本社長　私どもは最新の海洋調査機器を開発し、最新の計測技術を駆使して、海洋調査・陸域3次元計測を行っています。具体的には日本沿岸や湖の底に埋もれた船などを調べ、明らかにする学術調査です。

研究所一階の展示エリアでは、実際に海洋調査で使用している高精度精密機器を複数展示しています。

茂木 少し、ここにある機械の説明をしていただいてもいいですか？

杉本社長 ここには主に水中ロボットカメラや海底用の金属探知機などがあります。これらで海底の泥に埋もれている沈没船や潜水艦の残骸などを探ります。海の深い場所の調査だけでなく、浅い場所の状況を音波で調査する「音響モグラ」という機械もあります。例えばアサリの減少が危惧されている浜名湖の浅瀬を調査するのに役立ちました。これは東京大学との共同開発です。

他にも遠隔操作して使用する深い水中用の探査機、

杉本社長

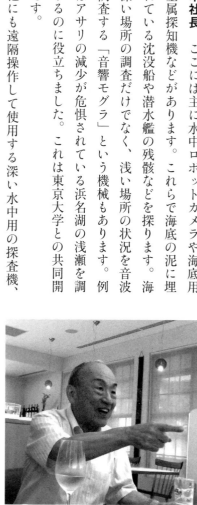

浅い水中用の探査機。「マルチビーム・パラメトリック・サブボトムプロファイラー（MB-P-SBP）」という、海底表面下に何があるかを探る機械もあります。

茂木　水底の下、40メートルまでわかるんですね。

杉本社長　今は3次元で調査できる機械を開発中です。

杉本社長　このように研究用途に合わせて使い分けられるよう、機械を開発・使用しています。「6連カメラ海底スキャナー」という、カメラで海底を撮影したものをそのまま3次元化できる装置もあります。海底をスピーディーにスキャンするイメージです。例えば1人の学者が1日潜ってサンゴを調査することがありますが、この装置を使うと、その80人分の効率があります。

音響モグラ

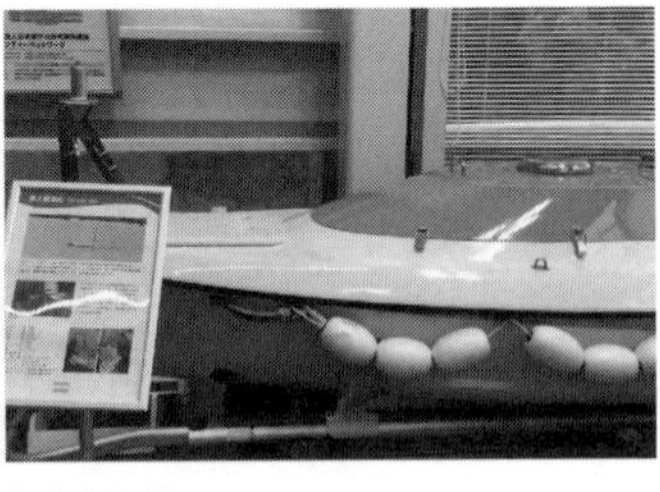

無人観測船　Windy-2S

魚の生態系を見るために、深さ3000メートルまで耐えられる360度カメラもありますし、濁っている水中がどうなっているのかを音波で撮影する「音響ビデオカメラARIS」という装置もあります。最近では熱海の海にまで流れ込んだ土石流の海底堆積状況を調べました。

茂木　音波での撮影ですので、お腹のエコー検査みたいなものですか？

杉本社長　似ています。この装置は「サイドスキャン」と言い、音波を利用して海底を映像化します。

通常、水の中は200メートルの深さまで潜ると真っ暗になります。例えばそんな場所に潜水艦が見つかって、近づいて撮影したとしても、潜水艦の一部分しか映りません。離れると真っ暗で何も映らないのです。ですから音波を利用します。

深海対応360度カメラ

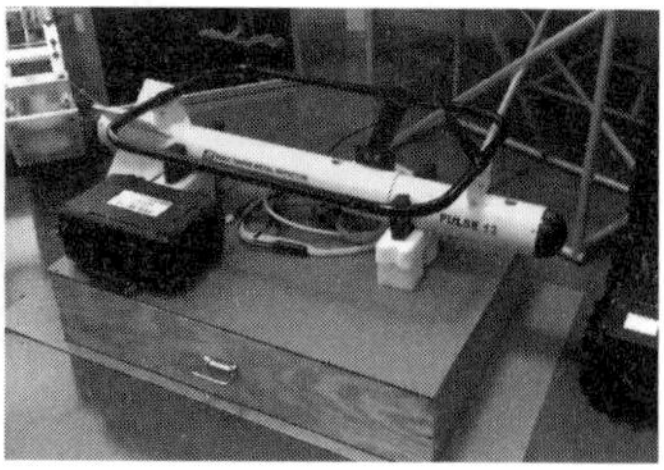

金属探知機

この写真が実際に音波で撮影した潜水艦です。潜水艦の全体像や、海底にささっている様子がよく分かりますよね？

茂木　相当でかいですね。これはどこで撮影された、どんな潜水艦ですか？

杉本社長　長崎県の五島列島で撮影した旧日本海軍の潜水艦伊47号です。敗戦翌年の1946年（昭和21年）4月1日に、米軍は残っていた日本帝国海軍の潜水艦24隻をすべて処分沈潜させました。その1隻が、この写真です。

渡辺　秋田県の十和田湖のお話もしてい

五島列島沖の海底に突き刺さった状態で発見された旧日本海軍の潜水艦。高さ60メートル

ただけますか？

杉本社長　十和田湖の治験調査の話ですね。十和田湖はもともと十和田火山が噴火して山体が陥没してできたカルデラ湖です。この湖の深さを機械で撮影した写真を見ますと、中湖という場所が黒くなっています。これは約6000年前の噴火でできたもので、カルデラの中にもう1つカルデラがある。いわゆる2重カルデラです。ですから十和田湖の深さは約70～90メートルなのですが、この中湖がある場所だけは深さが約327メートルあります。

茂木　2重カルデラがはっきり分かります。表面からは分からない湖底の様子を、このように撮影できるのですね。

杉本社長　えぇ。湖底学術調査のために2010年に十和田湖へ行ったときに、たまたま泊まった民宿「春山荘」の金村春治さんから興味深い話を聞きました。

「昔、戦争中に大きな音がして、この湖に飛行機が落ちたんだよ。でもそれは地元の一部の人しか知らない。よかったら見つけてくれ」と。
そういう話があり、実際に湖底を調べてみると、見つかった。それは旧日本陸軍の練習機でした。

茂木　戦時中の旧日本軍の飛行機が、十和田湖に沈んでいたんですね。

杉本社長　その飛行機は「一式双発高等練習機」というもので、戦争中には実戦機としても使われていたそうです。東条英機《とうじょうひでき》内閣総理大臣（兼陸軍大臣）が国内移動で使用したり、満洲国に10機くらい持って行って、あちらの幹部が移動に使用していました。飛行機としてはごく普通のタイプですから、3パターンあり幅広く使用されました。
この練習機が1943年（昭和18年）9月27日、十和田湖に落ちた。けれど次の日には憲兵が来て情報封鎖したんです。やはりマイナスなことですから。その後も情報が伏せられ、地元の言い伝えとして残っていたのです。

茂木　泊まった民宿の方の話を聞けなかったら、今も見つかっていなかったでしょうね。

杉本社長　それにしても見つかってよかった。最初に超音波で湖底を調査し、ハッキリと飛行機が写真に写ったときには驚きました。水中ロボット（ROV）で実際に見たら湖底でほぼ完璧な形のままで残っていました。日の丸もくっきりと見えました。日本本土では最後の完璧な戦争遺産かもしれません。

機体は2012年に引き揚げました。青森県立三沢航空科学館に展示されていましたが、現在は立飛ホールディングス（立川市）が管理しています。

茂木　乗っていたのは訓練生ですね。無事だったんですか？

杉本社長　4人乗っていて、3人は少年兵で1人は機械整備士でした。1人は助かりました。不時着し

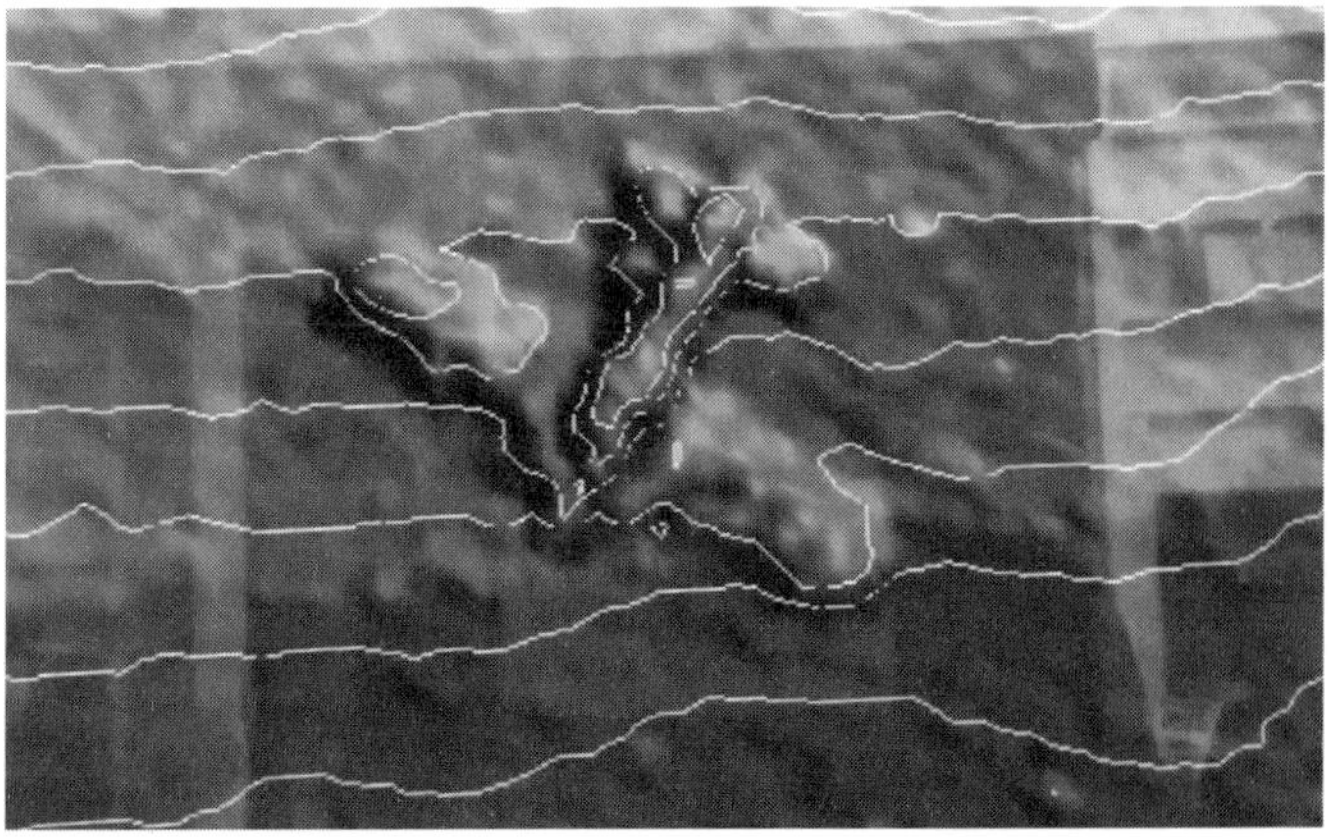

超音波計測装置で発見した、十和田湖の湖底に沈む旧日本軍の飛行機
https://www.marugotoaomori.jp/blog/2013/02/11071.html

たときには飛行機は湖に浮いていて、3人が陸に向かって泳いだけれど、力尽きて亡くなりました。逆に怪我をして、浮いていた機上に残っていた1人は、近くで漁をしていた方に助けられました。

茂木　機体はどれくらいの深さの場所で見つかったんですか?

杉本社長　十和田湖の中湖の縁《ふち》、深さ57メートルあたりで見つかりました。中湖の中心部に沈んでいたら見つけられなかったと思います。

渡辺　下田の海でも、特攻用の潜水艇が見つかっていますね。

下田市須崎沖で発見された旧日本軍特攻兵器「海龍」

杉本社長　はい。特殊潜水艇「海龍《かいりゅう》」ですね。「ROV水中ロボットカメラ」で2隻見つけています。
　まず音波で調査すると黒い長細い影が映りました。海龍に間違いないだろうということで、その周辺を集中的に調査することができました。

茂木　見つかっていない特殊潜水艦、いわゆる特攻兵器がまだまだありそうですね。

杉本社長　そうですね。「海龍」は下田地区には12隻配置されてました。他にも「震洋《しんよう》」という、いわゆるモーターボートの特攻兵器があります。それは当時5000隻近く造られたそうです。これも下田沖に沈んでいると思います。

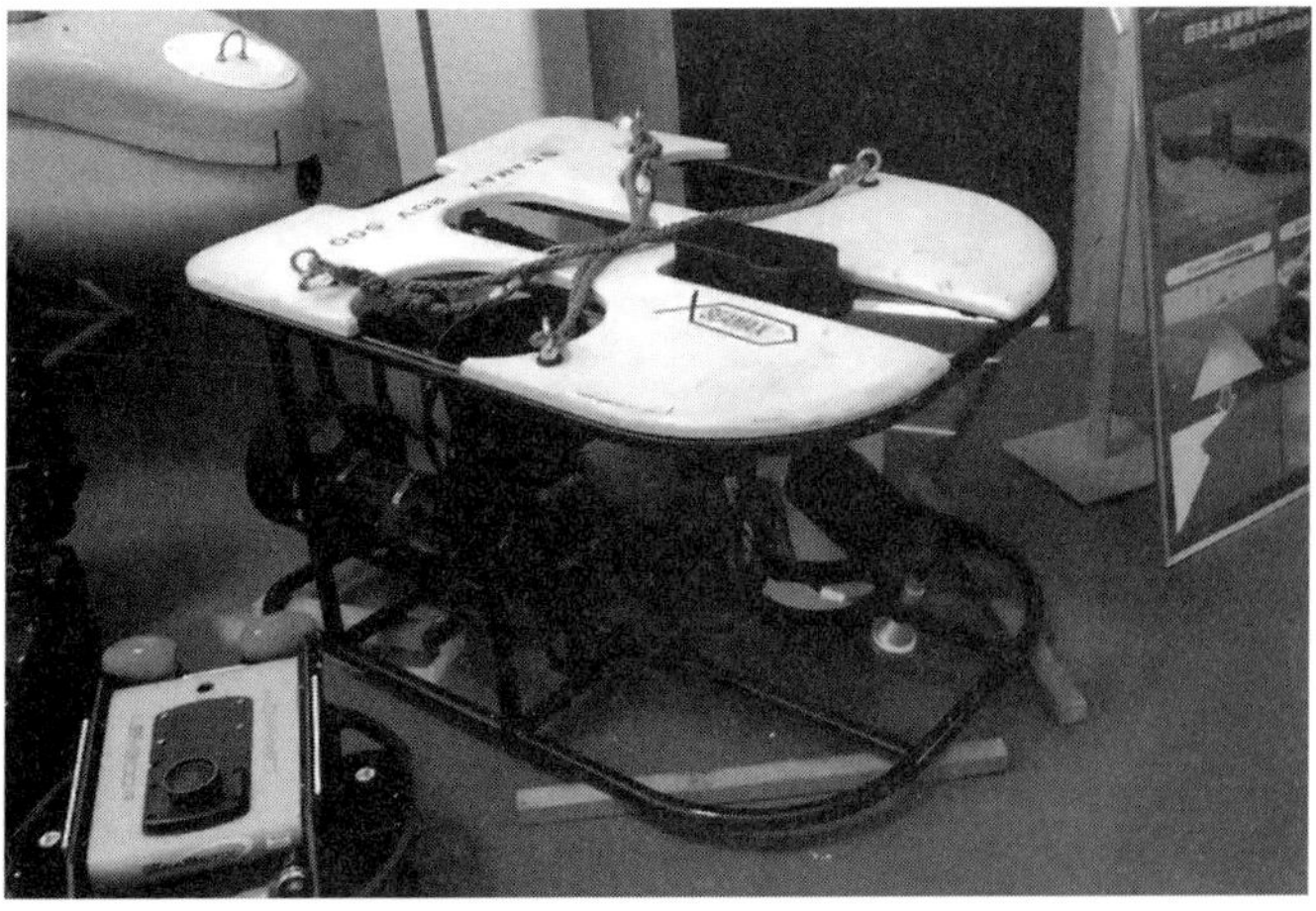

ROV水中ロボットカメラ

ただ、「震洋」を調査したい気持ちはあるのですが、「震洋」はベニヤ板で造られていたため後に残りません。下田沖に残っているとすればエンジンですが、それはもう海藻などが付着して岩にしか見えなくなっていると思います。

幸か不幸か「海龍」は実戦では使われませんでしたので、戦死者はいません。大和ミュージアムに飾ってある「海龍」は、静岡県網代《あじろ》湾で米軍航空機のロケット弾の直撃を受けて沈没していたものです。展示用にお色直しされていますけれど、下田に沈んでいる「海龍」のほうが、状態がいいと思います。チャンスがあったら引き揚げて、どこかで展示できたらと思っています。

茂木　私たちが気付いていない、知らないだけで、戦争の爪痕は日本中に埋もれているのでしょうね。

杉本社長　こういった戦争の遺物は残さないといけないと思っています。仮に「海龍」の実物が見つかっていなかったとしたら、私たちは文献だけを頼りに、「昔は海龍という特攻兵器が作られていたそうだ」「海龍の構造はこういうものだったんだ」と文字だけで知るしかなくなります。実際に、海龍を見るのとはやはり違います。

茂木　戦争をどう評価するにしろ、実際にどんなものを使っていたのかを知ることは必要です。兵器や要塞の実物が残っていれば理解の程度が格段に深まります。

杉本社長　私たちの活動は基本的に自費で持ち出しですが、それでも探索を続けるのは、歴史の遺物をしっかりと目で確かめる必要があると思うからです。

渡辺・茂木　ありがとうございました。

スポット情報

株式会社ウインディーネットワーク
本社・静岡県下田市東本郷1-19-4

07

下田

室町幕府のアウトロー少年・足利茶々丸《あしかがちゃちゃまる》が籠城した深根城《ふかねじょう》

北条早雲《ほうじょうそううん》 vs.足利茶々丸 最後の攻防

渡辺 下田市の外れにある深根城というお城の跡にやってきました。私は山城を色々と登っていますけれど、ここは面白いことに山城を個人のお宅として使っています。

茂木 民家の敷地内にあるということですか？

渡辺 山城を民家にしたというほうが正確でしょう。山城が個人の所有となっていて果樹

園もある珍しい城跡です。丸石を積んだ石垣や土塁が当時の面影を残しています。

深根城は、伊豆を平定しようとする北条早雲に最後まで抵抗した城として知られています。堀越公方《ほりごえくぼう》の足利茶々丸が北条早雲に敗れ、ここ深根城に逃げ込んだのです。城主の関《せき》戸吉信《どよしのぶ》を頼ったんですね。

茂木　室町時代の関東はカオスですね（笑）。まず、足利氏が鎌倉ではなく京都に室町幕府を開いてしまったため、関東の武士団への統制が緩みました。そこで彼らを監視するため、鎌倉府という出先機関をおきます。そのトップが「鎌倉公方」とか「関東公方」とかいうんですね。

ところがこの鎌倉公方も足利一門でプライドが高く、京都の足利将軍に対してマウントをとりたがる。そこで幕府は、鎌倉公方の監視役として「関東管領」という役職をおき、上杉氏が代々世襲しました。結局、暴走する鎌倉公方は関東管領との内戦を引き起こした末に茨城県の古賀に逃亡し、「古賀公方」と呼ばれます。この人は「反幕府」ですね。

さらに関東管領上杉氏が、山内上杉家と扇ヶ谷《おうぎがやつ》上杉家とに分裂してバトルをはじめる。三つ巴の内紛になるわけです。

事態収集のため、6代将軍・足利義教が、四男の政知《まさとも》を鎌倉公方に任命し、関東へ送り込みますが、誰からも歓迎されないため関東に入れない……。

渡辺　政知は仕方なく、伊豆の堀越にとどまった。だから「堀越公方」なんですね。

茂木　政知の長男が「茶々丸」。すごく印象的で覚えやすい名前ですね。普通は思春期までに元服して大人としての名を名乗るものですが、茶々丸は元服前に死んだため、幼名で歴史に残ることになりました。

茶々丸は大変やんちゃで、お父さんの足利政知と大喧嘩しています。このため家督相続を受けられず、元服もさせてもらえない。父・政知の死後は腹違いの弟が後を継ぐことになった。立腹した茶々丸は、今度はその異母

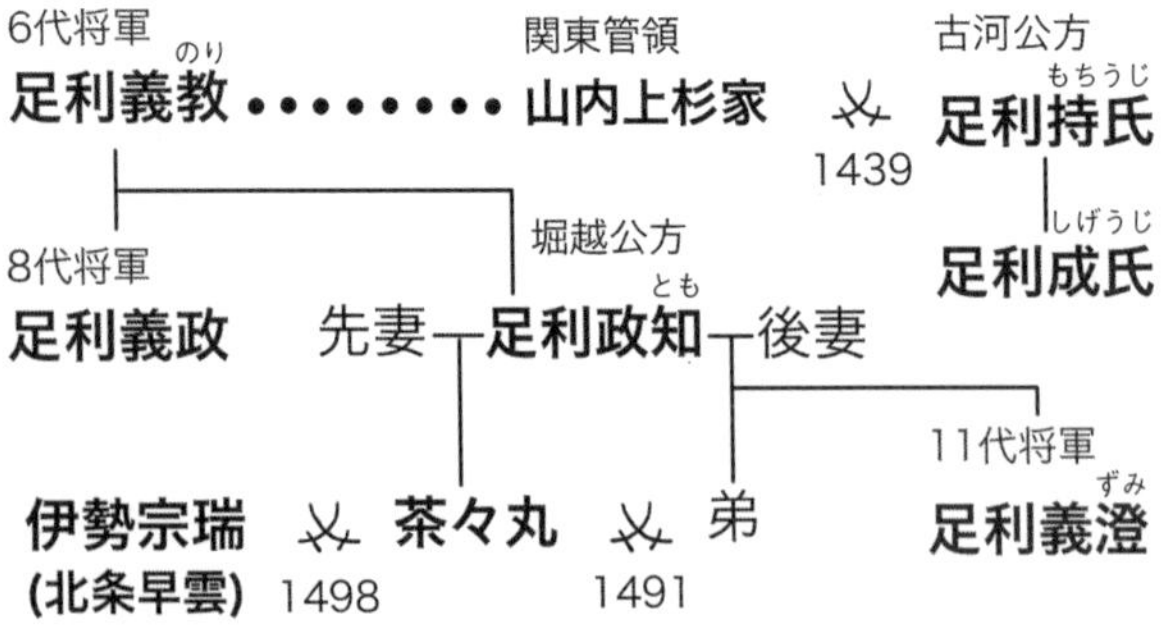

関東の足利氏の図

弟と継母を殺害して家督を奪い、第2代堀越公方と自称しました。もう、はちゃめちゃな人です。

渡辺 この混乱に乗じて北条早雲が攻め込んできました。深根城主の関戸吉信は、茶々丸は匿わずに早雲の軍に降伏すればよかった。けれど茶々丸を最後までかばい、結局、1498年（明応7年）に早雲の軍勢に攻め込まれ、全員殺されてしまいました。一説には、茶々丸と吉信はこの深根城から逃れた後、それぞれ自刃したという伝承もあります。

茂木 関戸吉信には、茶々丸個人への忠誠というより、足利氏への恩義みたいなものがあったのかもしれませんね。
あるいは、巷《ちまた》で伝わっている茶々丸のイメージがウソで、本当はすごくいい人だったのかもしれません。

深根城の跡

渡辺　ここの城跡から300メートルほどのところには茶々丸の墓もありますが、ここからの道はありません。ここの戦いを最後に、伊豆半島は北条早雲の傘下に入り、後北条の時代になります。伊豆半島が後北条の配下に入った最後の戦いの場が、この深根城だったのです。城内のしだれ桜は見事で、春になると写真マニアがやってきます。
　ただ、ここは民家で個人の所有です。好意でお茶などを出してくれるみたいですけれど、気を使いつつお越しいただけたらと思います。ここまでの道は非常に細く片側は崖なので、車は使わずにハイキングのつもりで来られるのがいいと思います。軽自動車でなければ、まず脱輪します（笑）。

城跡にある名物のしだれ桜

スポット情報

深《ふか》根《ね》城《じょう》

静岡県下田市堀之内78　Ｐ なし

アクセス方法　伊豆急行・稲梓駅から徒歩30分　伊豆スカイライン・天城高原ＩＣから70分

08

下田

爪木崎《つめきざき》海岸で太田道灌《おおたどうかん》の精神に学ぶ

何歳になっても勉強は続く

渡辺 夏草が生い茂っていますね。

茂木 もう、汗だくです。伊豆半島の下田のちょっと北、須崎漁港から延びる遊歩道を歩いています。小一時間のハイキングが楽しめます。その中間地点に、テラスのような岬がありますね。ここでは太平洋を一望することができますが、どういう場所なのですか？

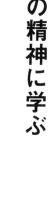

渡辺　ここは「細間《ほそま》の段」という場所です。伊豆石の最初の切り出し場（石丁場）がここだと言われています。

時代の新しい石丁場は、豆腐をカットしたように直角に石が切り出された跡が見えます。ここは古いので、見ていただけると分かるように風と波にさらされてカドが取れていています。周囲の地層と相まって美しい造形となっています。「石丁場です」と言われないと気付かないでしょう。

この場所に目をつけたのは、初期の江戸城をつくった太田道灌です。東京の日暮里駅に銅像がある人物です。

茂木　ということは、まだ室町時代ですよね。まだ伊豆に北条早雲《そううん》も来ていない時代、もうすぐ応仁の乱の時代というあたりですね。

細間の段　面白い地形になっている

渡辺　太田道灌の話は、今も歴史の授業で教えているんでしょうか？　城づくりの名人として知られ、「関東でも極めて優れた知識人」と言われていました。

「七重八重《ななえやえ》　花は咲けども山吹の　実のひとつだに　なきぞ悲しき」という『後拾遺《ごしゅうい》和歌集』の兼明親王《かねあきらしんのう》の歌にまつわる話でもよく知られています。兼明親王は後醍醐天皇の息子です。

あるとき太田道灌が鷹狩へ出掛けたとき、突然雨が降ってきました。「雨具（蓑《みの》）を貸してくれ」と農家に寄ると、可憐な少女が出てきて、蓑ではなく山吹の花を無言で差し出しました。太田道灌は意味がわからず「愚かな娘だ」と雨に濡れて帰ります。その話を聞いた家臣の1人が太田道灌を諭します。

「その娘は、兼明親王の歌、『七重八重　花は咲けども山吹の……』の歌にかけて、実の成らない山吹の花を差し出して、貧しくて蓑がないことを暗示していたのではありませんか？」と言いました。このとき、太田道灌は自らの教養のいたらなさに気付き、一層和歌の勉強に励んだ。

こういう話は教訓になります。年を取っても知らないことは多いです。

下田の街外れの岬

太平洋を望む。空気の澄んだ日は伊豆七島が一望できる

茂木　何歳になっても勉強は続くという、身に染みる話ですね。

渡辺　話を戻しましょう。この石丁場は、１４５７年（長禄元年）から利用され始めました。最初の江戸築城の頃ですから、ここで切り出された石は江戸城の本丸・二の丸あたりの内部の石材に使われていたようです。これからご案内する西伊豆の室岩洞の石は、現在私たちが見る江戸城の石垣に利用されているようです。

茂木　今回は夏草が生えていて少し歩きにくかったですが、ここは下田市内からも近く、春・秋は、風の穏やかな日に来るとハイキングにも最高の場所になりそうです。伊豆大島や、右に三角形の利島《としま》が見えます。天気がよければ伊豆七島全部見えます。景色もよく気持ちいい場所です。

スポット情報

爪木崎自然公園・須崎遊歩道内「細間の段」

須崎遊歩道 爪木崎側出入口：静岡県下田市須崎１２３５-１　Ⓟあり

アクセス方法　沼津ＩＣ（経路）国道４１５・１３５号線経由で約時間　伊豆急下田駅から須崎行きバスで12分・「須崎」下車　逆コースの時は下田駅より爪木崎行きバスで22分「爪木崎」下車。

※遊歩道全長約２・７キロメートル、所要時間約２時間40分

09

南伊豆

流刑地としての伊豆、神津島《こうづしま》の黒曜石《こくようせき》

南伊豆にひっそりとある小さな京都（三嶋神社）

茂木　渡辺惣樹先生がご幼少期を過ごされた南伊豆町に来ています。ここは何というエリアでしょうか？

渡辺　南伊豆町の下賀茂《しもがも》という所です。下賀茂という名前からお分かりのように、この辺は京都から、政治的事件の度に流されてきた人たちが住み着いた町です。

茂木　京都にある下賀茂神社の下賀茂ですよね。

渡辺　そうです。今いる場所は「三嶋神社」という神社です。背後に見えるのが、下賀茂温泉の町並みです。周辺には一条、二条といった集落があります。大賀茂、上賀茂もあります。

茂木　本当に、流刑者が京の都を懐かしんでつけた地名なのですね。

渡辺　そうですね。だから、まあ罪人なのか、咎《とが》なく咎を受けた人なのか分かりませんが、そういう人たちが京都から来て、暮らした町です。

茂木　そして真後ろには、ものすごく大きな楠《くすのき》が

三嶋神社

あります。

渡辺　これは夫婦《めおと》の素晴らしい楠で、樹齢1000年を超えています。今、しめ縄が付いていますが、私が子どもの頃は境内に幼稚園があって、この御神木に登って遊んでいました。今は厳《おごそ》かにしめ縄がかけてあり、登れませんが。この夫婦楠にはいまだに樹勢があります。「夫婦和合」のパワースポットになるかもしれません（笑）。

茂木　こちらがその三嶋神社ですね。で、この神社は丘の上にあります。

渡辺　この楠の向こう側には青野川が流れ

三嶋神社内にある夫婦楠

ているのが見えます。この場所は河岸段丘でしょう。今は河川改修でよく分からなくなってしまっていますが、この周辺には、弥生時代の遺跡（日詰《ひづめ》遺跡）がありました。遺跡の一部は観光協会か市の関係の施設に残されてはいますけれど、いわゆる歴史館みたいな形になっていないのが残念です。

河川改修で立派になった両側の堤には河津桜が植えられていて、2月末にはもう満開になります。菜の花の黄色と河津桜のピンクのコンビネーションは一見の価値があります。河津町の河津川畔が河津桜の名所ですが、少し足を延ばしていただければ青野川の河津桜も楽しんでいただけます。

河津川畔の桜並木

茂木　そういえば伊豆半島は黒曜石も有名ですよね。

渡辺　そうですね。古代史が好きな方は、日本の黒曜石の主たる原産地といえば伊豆諸島の1つ、神津島《こうづじま》だとご存じかと思います。

その黒曜石は神津島から河津町の岬に運ばれてきました。残念ながら現在は小学校になってしまっていますが、縄文時代中期の遺跡があり、多量の黒曜石が出土しています。縄文時代に海路、船を使って神津島から黒曜石を河津（段間遺跡）に運んできて、そこが加工流通基地になっていたようです。そこから全国に広がった。

神津島沖から河津沖に流れる黒潮の支流があって伊豆大島を経由せずに直接神津島から搬入したらしいです。今では下田港から神津島に向かう船が出ています。

茂木　伊豆七島は、今は東京都の所管になっていますが、歴史的には伊豆国の文化圏ですね。今われわれが立っているのが三嶋神社です。伊豆で最も多いのがこの三嶋神社で、御祭神は大山祇神《おおやまつみ》という山の神です。一方、神津島で最も格式の高い阿波命《あわのみこと》神社の御祭神は、三嶋の神様のお后様です。縄文時代から神津島との間で人の交流が続いてきた証《あかし》です。

そういえば「阿波」という地名は、徳島の「阿波」と同じですね。これも移住者がつけた名前でしょう。房総半島の「安房」地方には、徳島からの移住者がこの地を開拓したという伝承が残っています。徳島→神津島→伊豆→南房総。地名や神社の名前を調べると、祖先たちの移動のあとが分かります。

スポット情報

南伊豆町二條の三嶋神社
静岡県賀茂郡南伊豆町二條933-1
アクセス方法 伊豆急下田駅からバス（子浦行き）乗車、前原橋バス停下車。徒歩4分

第2章

鎌倉幕府の揺籃《ようらん》の地
中伊豆エリア

10

中伊豆

源頼朝と北条政子の出会いの地

蛭ケ小島《ひるがこじま》　頼朝・政子のカップル像

茂木　さて、源頼朝の流刑地にやってまいりました。平治の乱（1159年〈平治元年〉）のとき、13歳の頼朝は初陣でした。しかし平清盛に敗れた父・義朝は逃亡途中で殺され、頼朝・義経《よしつね》兄弟も捕らわれて殺されかけますね。

渡辺　はい。ところが平清盛は、継母（父・忠盛の後妻）の歎願を聞いて、頼朝と義経を殺しませんでした。頼朝はこの蛭ヶ小島に流されました。今は田んぼの中にぽつんと浮いているような高台ですが、昔は狩野川の沼沢地帯で、沼に浮かぶ小島だったのでしょう。

茂木　伊豆は「源三位」頼政の知行地であり、源氏の一族の多い関東にも近い。源氏の棟梁ともいえる義朝の子である頼朝を、こんなところに流罪にしたのはなぜなのでしょうか。

渡辺　私は、清盛がなぜ頼朝を伊豆に流したのかが解せないでいます。私が清盛だったら、もっと辺鄙《へんぴ》なところに流すでしょう。保元の乱で敗者となった源為朝《ためとも》が流された伊豆大島でもよかった。もっと辺鄙な薩摩の南の絶海の孤島、硫黄島（鬼界ヶ島）もあります。実際、1177年（治承元年）に平家打倒を企てた俊寛《しゅんかん》（鹿ヶ谷事件）はそこに流されて一生を終えました（異説あり）。

茂木　清盛の頼朝に対するこの妙な温情が、あとでアダとなりました。

渡辺　頼朝の監視役は、桓武平氏を自称する在庁官人（現地の豪族）だった北条時政《ほうじょうときまさ》です。ところが時政が京都警備役（大番役）で在地を留守にしている間に、娘の政子が頼朝と恋仲になってしまいます。２人が結婚したのは鹿ヶ谷事件のあった１１７７年と推定されています。

時政としては、これはまずいと思ったに違いありません。それを容認したときに、彼は平家との対立を覚悟したのかもしれません。

茂木　監視対象の危険人物をムコにしちゃダメですよね。

渡辺　娘を源氏の嫡流の頼朝に嫁がせることは危ない行為です。頼朝が最初に恋をしたのは八重姫という女性だった。彼女は、伊東祐親《すけちか》（平氏家人として平重盛・維盛親子に仕えた武士）の娘です。祐親の兄・工藤祐継《くどうすけつぐ》は、頼朝の伊豆配流直後の監視役だった。頼朝と八重姫が恋仲になっては困ります。

茂木　監視役の娘をオトすのが、頼朝の得意技だったんですね！

渡辺　「惚れてしまえば千里も一里」と言います。頼朝は山を越えて伊東まで出掛け、八重姫と「デート」しています。2人が逢瀬を重ねたという小さな祠（音無神社）が伊東にあります。2人の間には子どももあったと伝えられていますが、その子は祐親の怒りを買って川に投げ込まれ殺されました。頼朝を忘れられない八重姫は、数人の侍女を連れて頼朝に会いに来た。しかし、その頃にはすでに政子との仲が発展していた。運命を変えられなかった彼女は伊豆の国市にある狩《か》野《の》川の支流に身を投げます。

彼女の御霊を祀る真珠院（伊豆の国市）が入水場所近くにあります。さらに悲しいのは、八重姫の自死を防げなかった侍女たちも、伊東に帰る山中で自害した。

蛭ヶ島公園内にある源頼朝と北条政子夫妻の銅像

そこは女塚史跡公園（伊豆の国市）になっています。

茂木　ここ蛭ヶ小島には、幸せそうに並んで富士山を見つめる頼朝と政子のカップル像が建っていますが、今のお話を聞くと複雑な気持ちになりますね。そんなエピソードがあったことは、もっと知られてもいいですね。

渡辺　そうしたことがあったせいか、政子という女性は、女が男を慕う純な心を知っていました。

平家を倒した頼朝が、今度は異母弟である義経を討つと決めると、義経は吉野に逃げました。愛人の静御前《しずかごぜん》も随行しますが、結局京に帰るよう諭されました。その帰途に侍者の裏切りで頼朝の元に連れ出されます。彼女は義経の子を身ごもっていましたから、その子を産むまで鎌倉に留め置かれました。結局男子を生むのですが、頼朝の命により由比ガ浜でその子は殺《あや》められました。その後の静御前の消息は不明です。

鎌倉に拘束されていた時期、静御前は、頼朝や政子ら幕府重鎮の前で舞を踊ることを求められましたが、彼女は拒否します。義経を殺めようとする頼朝の前で踊ることはできません。舞台は鶴岡八幡宮です。頼朝は激怒するのですが、政子が取りなしています。「女が男を思う純な気持ちを理解しなさい」と諭したのです。

結局、静御前は八幡様への献舞として舞を披露します。彼女は舞の名手の白拍子《しらびょうし》でしたから、見る者は彼女の舞の美しさに息をのんだと伝えられています。


茂木 北条政子といえば、頼朝亡き後、影の将軍「尼《あま》将軍」として弟の北条義時とともに幕府を支えていました。鎌倉政権最大の危機、承久の変（1221年〈承久3年〉）のときの政子の演説が有名ですね。

政子が産んだ2代将軍・頼家《よりいえ》と3代将軍・実朝《さねとも》が、北条氏との軋轢《あつれき》でいずれも暗殺され、清和源氏本流の血筋が途絶えてしまいました。この結果、鎌倉幕府が北条氏に乗っ取られた形となり、朝廷と鎌倉幕府の関係が不安定になったのです。

その機を逃すまいと、後鳥羽上皇が北条義時討伐の院宣《いんぜん》を出します。これが「承久の変」です。北条氏が、はっきり「朝敵」となったのです。

このとき、政子は動揺する御家人たちを呼び集め、頼朝未亡人として頼朝の恩義を思い出させ、一致団結するように呼びかけました。この演説によって御家人たちは奮起し、官軍との戦いを見事勝利に導いた。これが承久の変です。

渡辺　後鳥羽上皇は鎌倉幕府打倒の宣旨を出していました。朝敵にされた源氏の武士団をまとめ上げたのが政子でした。政子は強さと優しさを兼備した女性政治家の範ではないでしょうか。朝敵にされることを恐れた御家人たちをまとめきった。彼女のスピーチには武士の魂を打つパワーがあったに違いありません。

私はここに来るたびに政子と肩を組んで富士を見ることにしています。彼女の本物のパワーをいくばくかもらって帰りたいからです。この像が新しいパワースポットになるかもしれません（笑）。

政子の夫頼朝を思う心については、後ほど訪れる「しとどの窟《いわや》」（神奈川県湯河原町）で語り合いたいと思います。

スポット情報

蛭ケ島公園

静岡県伊豆の国市四日町17-1　Ⓟあり

アクセス方法　伊豆箱根鉄道韮山駅から徒歩10分

11

中伊豆

修善寺で源頼家《よりいえ》と源範頼《のりより》の非業《ひごう》を悼む

源頼家はなぜ実母に「殺された」のか

茂木 伊豆半島北部にある修善寺にやって来ました。この修善寺は、源頼朝《よりとも》の弟である源範頼と、頼朝の息子である鎌倉第2代将軍・源頼家が幽閉され、最期を迎えた地だと言われています。

あ、ここが2代将軍の源頼家のお墓ですね。どうしても来たかったんですよ。

渡辺 頼家への特別な関心があるのは、なぜですか?

茂木　頼家はすごく悪者扱いされていて、頼朝の長男なのにドラ息子で、幕府をめちゃくちゃにして結果的に引きずり降ろされて非業な死を遂げた。……でも、本当だろうか？と疑問に思っていたんです。

渡辺　確かに頼家の死の理解は簡単ではありません。まず頼家の父である源頼朝の話をすると、頼朝の父・義朝《よしとも》が平治の乱で敗れると、頼朝は伊豆国の蛭ヶ小島に流された。その後の青春時代の20年を伊豆で暮らすことになりました。

この時期、頼朝の生活を援助していたのが、比企氏《ひきし》です。

茂木　埼玉県中部に「比企郡」という地名が残っています。東松山とか、吉見《よしみ》百穴《ひゃっけつ》のあたりですね。

渡辺　おしゃるとおり比企氏は、平安時代末期から鎌倉時代前期にかけて、武蔵国比企郡を領していた豪族・武家です。ですから比企氏にとっては、頼朝は自分が育てたような感覚があったのではないでしょうか。頼朝の乳母を務めたのは比企氏の比企尼という女性で、養子である比企能員《ひきよしかず》と頼朝とは「乳姉妹《ちきょうだい》」という関係でした。比企氏にとっては、頼朝は自分が育てたような感覚があったでしょう。

頼朝が鎌倉に幕府を開いたあと、北条政子との間にできた待望の長男である頼家が誕生したのは、比企ヶ谷にある比企能員の邸宅でした。頼朝は、頼家の乳父を比企能員に任せることにしました。要するに長男頼家もまた比企一族によって育てられたわけです。

1199年（建久10年）、思いもよらない落馬で頼朝が亡くなってしまいました。頼家が第2代将軍になったことで、比企氏としては再び、自分の子どもが将軍になったという感覚があったと思います。しかも頼家の正室には、比企氏の娘が選ばれました。比企氏が完全なる外戚になったわけです。

茂木　北条氏は政子を頼朝に嫁がせ権力を握りました。その北条の時代が終わり、これからは比企の時代だと思ったのかもしれませんね。

渡辺　比企氏には天下をとった感覚があったでしょう。比企氏が執権になってもおかしくないですから。

けれど歴史というのは皮肉なものです。「これからだ！」という1203年（建仁3年）に肝心の頼家が病気で危篤状態に陥ります。頼家の後継者をどうするか？

実権を握っていた北条氏は「頼家の弟である実朝《さねとも》に日本の西を預ける。頼家の息子である一幡《いちまん》に日本の東を預ける」としました。北条氏と比企氏との日本列島折半案です。北条氏としてはそれなりの調整をして、力を持ちつつあった比企氏とうまくやっていくつもりだった。

でも比企氏としては面白くなかった。一幡の単独政権を樹立し、外戚になろうとしていた夢が邪魔された感覚だったと思います。

こうして起こったのが「比企能員の変」でした。この事件は、比企氏と病床の頼家の間で「北条時政を排除すべきだ」という密議があり、これを頼家の母の北条政子が障子を隔てて聞いていたことから始まったとされています。

本当のところはどうなのでしょうね。お互いに疑心暗鬼になっていたところだけは事実でしょう。頭に入れておいたほうがいいのは、乳母という制度です。我々が抱く子どもに対する感覚と、実子であっても乳母に預けた子どもに対する感覚というのは相当違うのではないかという合理的な推論です。

茂木 たしかに抱っこして授乳することで母子のきずなは生まれます。北条政子は頼家を生んではいるけれど、育児はしていませんね。

渡辺 はい。だから乳をあげた次男・実朝のほうが大事だという感覚が、あの時代はあったのだと思います。比企氏にとっても育てた子どもが重要だという感覚があった。今の感覚ではとらえられない感情でしょう。

結局、「比企氏の謀略」を伝え聞いた北条時政が怒り、比企能員を呼び出して謀殺します。比企一族も生まれたばかりの一幡も殺され、傷心の頼家はここ修善寺に流されました。健康は回復しましたが、最終的にはお風呂に入っていたところを襲われて死にました。

頼家はかわいそうだという感覚があるけれど、あの動乱というのはいったい何だったんだろうかと不思議に思っています。

茂木 政子と頼家の親子関係だけで見ると、「なぜ政子は自分の長男を見殺しにしたんだ」

と思うけれど、政子は北条ファミリーであって、ライバルは比企氏ファミリーです。頼家は敵対関係にある比企氏ファミリーに取り込まれてしまっている。もうこれはダメだと思ったのでしょうね。だから自分で育てた次男・実朝が実権を握るような流れをつくったのかもしれません。それでもやはり腹を痛めて生んだ子を殺すのは忍びなかった。せめてもの情で頼家を修善寺に流刑にしたのだとも思います。

渡辺　やはり自分の子を殺めるのはつらい。頼家殺害直後に修善寺境内に指月殿《しげつでん》を建てています。我が子の冥福を祈って、母・政子が寄進した経堂です。

源氏・北条氏・比企氏系図

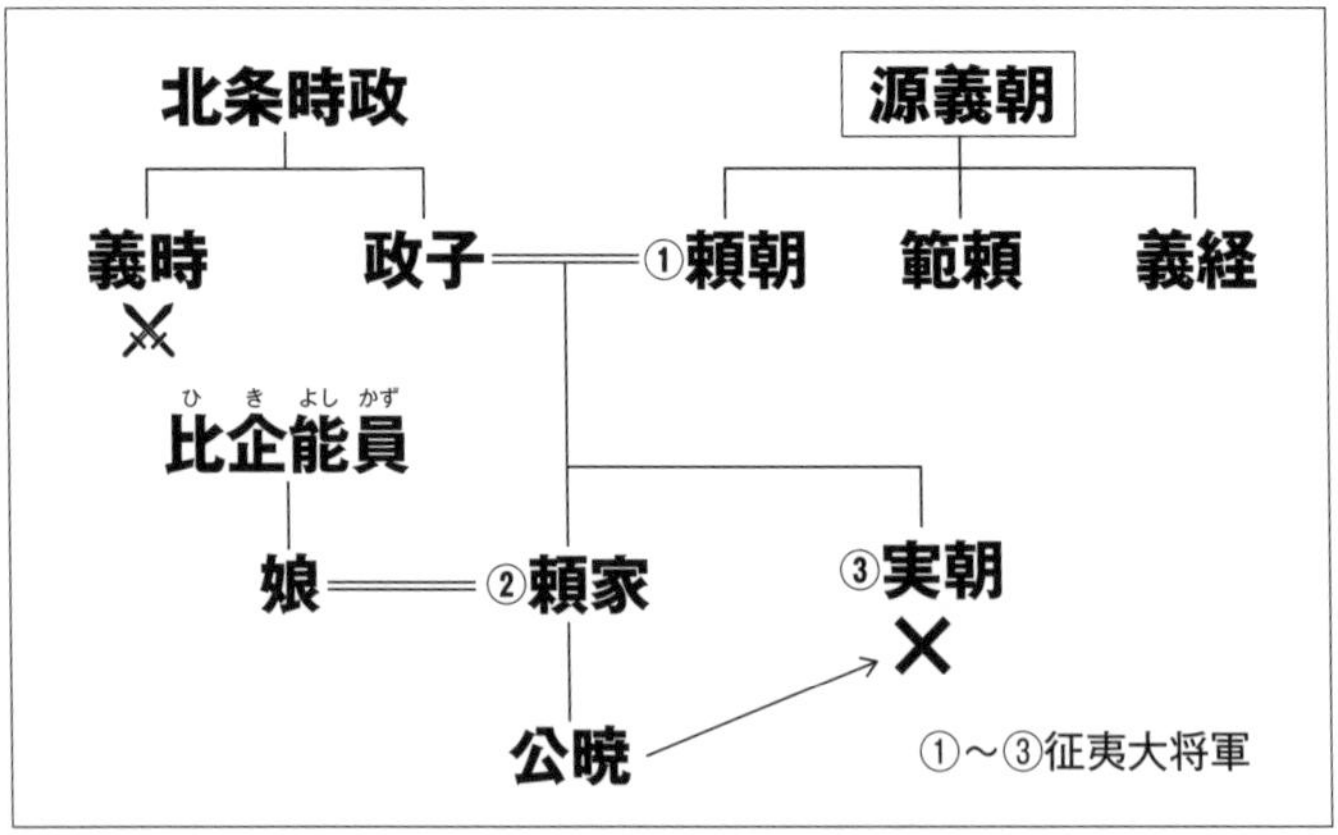

茂木　結局、北条氏が推した次男の実朝が3代将軍になるのですが、これもまた鶴岡八幡宮で頼家の遺児・公暁《くぎょう》によって殺されました。「父・頼家の恨みを晴らす」ためという公暁単独犯行説が公式見解ですが、3代将軍の警護が緩すぎたこと、直前まで同行していた北条義時が体調不良を訴えてその場を離れたことなど、謎が多すぎます。歌人として知られた実朝は後鳥羽上皇とも親交が厚く、彼の暗殺が承久の変の伏線になっていきます。

渡辺　実朝って詩人ですね。実朝は謀略の世界を見て、「いつか自分も死ぬ」ことを予感していたと思います。どんな形で死ぬかはもちろん予想していなかったでしょうけれど、十代後半

北条政子が寄進した指月殿内の仏像

源頼家墓

くらいから、どういう死に方をするんだろうと常に考えながら生きていたと思います。それが彼の和歌のよさにつながっていると感じます。「出て去なばぬしなき宿となりぬとも軒端の梅よ春を忘るな」が彼の最後の歌です。昔はこの頼家のお墓の周辺はこんなに整備されていなかったんですけれど、大河ドラマ化されたこともあり、観光客も増えました。頼家のお墓は源氏公園の一角にあります。少し高台ですが、ゆっくり歩いて軽い汗が出る程度です。

源義経の陰に隠れた存在、源範頼

茂木　源氏の話の流れの中で、私が源頼家と同じくらい興味を持っている人物が源範頼《のりより》です。

私は、さっき話に出ていた比企郡のちょっと東の埼玉県北本市で育ちました。ここには、日本三大桜の1つの蒲桜《かばざくら》という古い巨木があるんです。

だから子どもの頃から源範頼の話を聞いており、親しみがあります。

渡辺　そうだったんですね。私はなぜ先生が源範頼にこだわっているのか分からなかった。

郵便はがき

料金受取人払郵便

牛込局承認

8133

差出有効期間
2023年 8月
19日まで
切手はいりません

162-8790

東京都新宿区矢来町114番地
神楽坂高橋ビル5F

株式会社ビジネス社

愛読者係 行

ご住所 〒 TEL: ( ) FAX: ( )		
フリガナ お名前	年齢	性別 男・女
ご職業	メールアドレスまたはFAX メールまたはFAXによる新刊案内をご希望の方は、ご記入下さい。	
お買い上げ日・書店名 年 月 日	市区 町村	書店

ご購読ありがとうございました。今後の出版企画の参考に
致したいと存じますので、ぜひご意見をお聞かせください。

書籍名

お買い求めの動機

1　書店で見て　2　新聞広告（紙名　　　　　　　　　）

3　書評・新刊紹介（掲載紙名　　　　　　　　　）

4　知人・同僚のすすめ　5　上司、先生のすすめ　6　その他

本書の装幀（カバー），デザインなどに関するご感想

1　洒落ていた　2　めだっていた　3　タイトルがよい

4　まあまあ　5　よくない　6　その他(　　　　　　　　　)

本書の定価についてご意見をお聞かせください

1　高い　2　安い　3　手ごろ　4　その他(　　　　　　　　　)

本書についてご意見をお聞かせください

どんな出版をご希望ですか（著者、テーマなど）

茂木　子ども時代の記憶に刷り込まれていました（笑）。源範頼を知る人はあまりいません。頼朝の父・源義朝《よしとも》は子だくさんでした。3男が頼朝、6男が範頼、9男が九郎義経《よしつね》。みな異母兄弟です。範頼もその1人ですね。範頼が生まれたのは現在の浜松、三河国《みかわ》（愛知県）蒲御厨《かばのみくりや》だったため、「蒲冠者《かばのかじゃ》」と呼ばれていました。

兄・頼朝に平氏追討を命じられ、弟の義経と西に攻め込んだ。源平合戦の司令官でした。範頼が正面から攻めて、義経が裏から奇襲攻撃する。そんなやり方をしていたそうです。

渡辺　なるほど。「ひよどり越え」のときもそういう感じなのかな。源氏と平家が戦った一《いち》の谷《たに》の合戦で、人が降りられるわけがないと思われていた断崖絶壁を義経の一団が馬で駆け下り、平家の虚をついた戦です。正面からは範頼が。裏からは義経が平家軍を攻めた。

茂木　義経は軍略の天才でした。彼が目立ってしまって範頼の影は薄いですね。

弟たちの活躍を見て、頼朝は嫉妬します。弟たちが自分にとって代わろうとしていると疑う。兄弟の軋轢《あつれき》が高まったのは頼朝の特異な性格が原因でしょう。義経は頼朝に追われて平泉で殺されます。範頼も謀反の疑いをかけられ、この修善寺に幽閉されました。

渡辺　私は範頼の最期のことは知りませんでしたが、ここに幽閉されたんですね。

茂木　幽閉されていたのは『吾妻鏡』に出てくるので間違いないんですけれど、実はその後がわからなくて、記録がプツッと途切れてしまっています。

渡辺　ということは、ここにある範頼のお墓は、本物のお墓ではないのでしょうか？

茂木　案内板には「お墓だと言われている」という旨が書かれています。だからここで最期を本当に迎えたのかはわから

源範頼の墓（伝）

ない。実は秘かに逃亡してあちこちに匿われたという話が各地に残っています。例えば横須賀に追浜《おっぱま》という場所があって、そこは範頼が追われてきて上陸したから「おい（追い）浜」と呼ばれているとか。

先ほどお話しした私の育った北本にある蒲桜も、「蒲桜」という名前は蒲冠者範頼に由来します。修善寺から逃げ出した範頼が北本市周辺に来たときにご飯を食べた。範頼が使った箸を土にさすと、桜の木の箸が根付いて、やがて巨木になった。そんな伝説です。いやいや箸じゃなくて、杖が桜の巨木になったとする言い伝えもあります。

渡辺 なるほど。確かに源為朝《ためとも》も流刑地大島から琉球に渡り、中山王朝の祖になったという話もありますから、逃げのびた可能性はあります。

茂木 源氏はむだに兄弟間で殺し合っています。なぜでしょう。平氏はあまり兄弟間で争い合った話は聞きませんね。

渡辺 そうですね。平家には公家的ひ弱さがあります。平重盛が亡くなってしまった後はそれが悪化したように思います。重盛がもう少し生きていれば、例えば富士川の合戦で、水鳥の羽音に驚いて、一目散に逃げだすような平家軍にはならなかったでしょう。
平家の弱さは公家たちの暮らす京にいたからだ、と頼朝は感じたのでしょう。だからこそ京から離れて政権を運営すべきだと思ったのでしょう。

茂木　京に暮らすと武士は腐るのでしょう。

渡辺　京の公家勢力のヌエ感というのは、やっぱり日本の歴史を見るときに常に頭の片隅においておきたいですね。北条早雲に滅ぼされた足利茶々丸も京都の臭いがします。京から来ているんだという感覚の中で、武士勢力とやり合っています。

修善寺・竹林の小径

茂木 弱いくせに、上から目線ですよね。現代政治で言えば自民党宏池会かな（笑）。

渡辺 そう。だから最終的には家康が禁中並公家諸法度《きんちゅうならびにくげしょはっと》（1615年〈元和元年〉年に江戸幕府が天皇と公家の行動を規制するために定めた法度）で、ひとつのとどめをさすのでしょうね。それまでは公家勢力と武士のせめぎあいが絶えませんでした。

茂木 幕末もヌエが出てきますね。

渡辺 岩倉具視《いわくらともみ》のことかな。

茂木 面白いお話を、ありがとうございます。

スポット情報

修善寺
源頼家の墓（源氏公園）：静岡県伊豆市修善寺932-1　修禅寺：静岡県伊豆市修善寺964
アクセス方法　伊豆箱根鉄道・修善寺駅よりバス10分 東海バス・伊豆箱根バス「修善寺温泉」下車、徒歩5分

12

中伊豆

北条政子の父である北条時政が眠る願成就院《がんじょうじゅいん》

北条氏、ミツウロコの家紋

茂木　北条時政のお墓がある願成就院にやってきました。蛭ヶ小島で見た北条政子の実父で源頼朝の義父です。時政っていう人は権謀術数ばかりの殺伐とした人生だったようなイメージですけれども、どうですか？

渡辺　北条時政は、やはり頼朝に政子を嫁がせると決めた時点で、平家とはもう縁を切る覚悟を持っていたと思います。ですからある時点から源氏政権を支える有力者になるという野心が心の底にあり、実際に頼朝の挙兵に協力し、頼朝亡き後は将軍の外戚として鎌倉幕府内の実権を握りました。

けれどその後に、自身の後妻である牧の方と共謀して、将軍実朝を廃して、娘婿の平賀《ひらが》朝雅《ともまさ》を新将軍に据えようと画策した。それに気付いた政子と息子の義時によって出家させられ、鎌倉から伊豆に幽閉され、結局この地で生涯を終えました。

頼家のお墓に行った際に、比企氏と北条氏の権力闘争の話をしましたね。北条時政は比企氏との権力争いに勝利しました。そこでゆっくりとした人生を送ればよかった。しかし彼の場合は後妻・牧の方についた勢力が時政を利用して権力をとろうと考え、それを彼は制御できなかった。

時政の人生を考えると、人生を格好よく終えることはつくづく難しいのだなと感じます。まぁ私たちは頑張って素敵なお爺さんになって幸福に人生を終えたいですね。

茂木　私も権力に興味ないので、いいお爺さんになれそうです（笑）。

渡辺　ついでに、北条氏の家紋についてお話ししたいと思います。

北条時政をまつる宝篋印塔

あそこに見えるのは時政をまつる金蔵院宝篋印塔《ほうきょういんとう》です。北条家の家紋が刻まれています。北条の家紋は「三つ鱗（ミツウロコ）」と言い、魚の鱗が3枚描かれたものです。ミツウロコというエネルギー販売の会社がありますけれど、それも、この北条家の家紋が起源です。

鎌倉の江ノ島で時政が北条家の繁栄を祈っていたら弁財天が時政の前に現れ、「これから北条家は繁栄するだろう」と予言を告げると、大蛇（龍）に変身して海中へと姿を消したそうです。そのときに3枚の鱗が落ちていた。以後、3枚の鱗を吉兆として北条家の家紋にしました。

こういう知識があると江ノ島に行けば、北条家の家紋を思い出します。旅がより楽しくなります。

茂木 弁天様は水の女神。日本古来の龍神信仰というものがあり、平安時代に空海あたりが中国経由で持ち込んだヒンドゥー教の水の女神サラスヴァティーが習合したものです。だからサラスヴァティーも弁天様も、琵琶を抱えています。

ところで渡辺先生、のちの戦国時代に関東の覇者となった小田原北条氏、いわゆる後北条氏が、執権北条氏の後裔を称していますね。家紋も同じミツウロコだし。

渡辺　そうですね。血縁関係は怪しいのですが、要するに北条の栄華を我々が再興させるという意識があって「後北条」という形にしたのでしょう。伊勢宗瑞（北条早雲）もミツウロコ紋を使っています。

茂木　厳密にいうと、北条氏の宗家（本家）は平べったいミツウロコですが、分家は正三角形のミツウロコだそうです。確かにこちらの慰霊碑は、平べったいほうですね。戦国時代の小田原北条氏も平べったいほうを家紋とし、執権北条氏を継承する意思を示しました。

スポット情報

願成就院
静岡県伊豆の国市寺家83-1　10時～16時（最終受付15時30分）　休 毎週火曜日と水曜日の2日間、その他祝日等　料 大人700円・中高生400円・小学生200円　P あり
アクセス方法　伊豆箱根鉄道「韮山」駅、「伊豆長岡」駅　徒歩15分
伊豆縦貫道函南塚本ICから国道136号経由15分

13

中伊豆

韮山《にらやま》反射炉で国防の先覚者 江川英龍《えがわひでたつ》に学ぶ

世界遺産になった大砲を作る反射炉

渡辺 歴史の教科書によく写真が載っている、韮山反射炉にやって来ました。世界遺産にもなりました。

茂木 はじめに製鉄の歴史についてお話しさせてください。
考古学では、古い順に石器時代↓青銅器時代↓鉄器時代の三期に分類します。なぜ鉄器が遅かったかというと、鉄を溶かすのは大変だからです。

青銅（銅と錫《すず》の合金）は融点が700℃。焚き火の温度で溶かせます。銅色をしていますが、錆びると青くなるので「青銅」です。

渡辺　お寺の屋根や銅像が青くなっているのは、青銅だからですね。

茂木　はい。ところが鉄を溶かすには1500℃という高温が必要です。熱を逃さない密閉した炉と、そこに空気を送り込む仕組みがないと鉄はできません。この仕組みを、「たたら」とか「ふいご」とかいうのです。今のトルコにあったヒッタイトという国がこの技術

韮山反射炉

を長く独占していました。ヒッタイトが滅んだ紀元前1200年以降、世界に製鉄技術が拡散します。ユーラシア大陸を横断して日本列島に製鉄技術が伝わったのが弥生時代でした。淡路島で発掘された五斗長垣内《ごっさかいと》遺跡では、竪穴住居の製鉄工房が見つかっています。

「たたら製鉄」で作った鉄は、真っ赤に焼けて少し柔らかくなっています。これを熱いうちにハンマーで叩いて薄くするのが鍛冶《かじ》屋です。叩くことで身が締まり、固くなります。冷えるとまた火に当て、また叩く。この作業を繰り返して刀剣や農機具を作っていました。ここまでが、たたら製鉄です（図1）。

渡辺　たたら製鉄は、宮崎アニメに出てきますね。何でしたっけ？

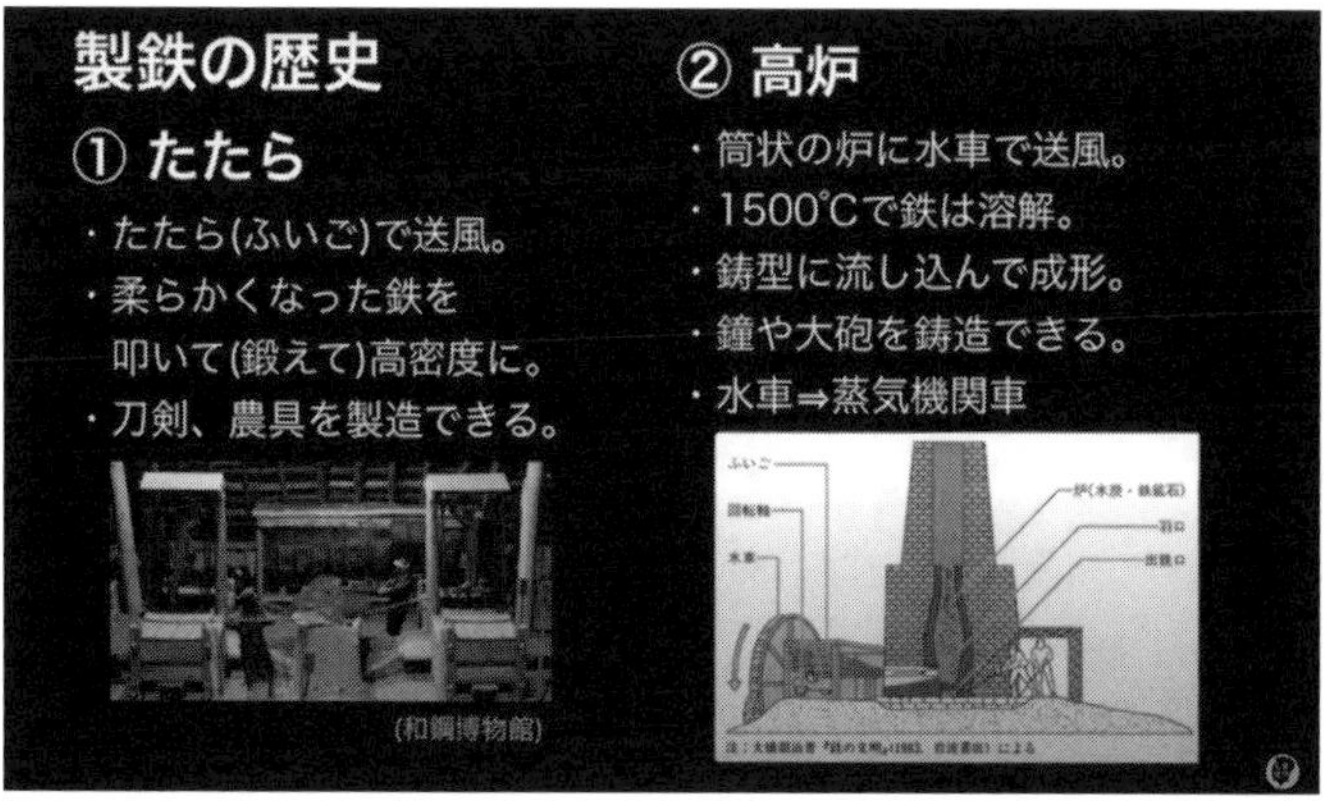

図1

茂木　「もののけ姫」ですね。エボシという女性が率いるたたら集団が出てきます。余談ですが、たたら職人は高温に熱した炉内を凝視するため、職業病として失明する人が多かったのです。神話や民話で「片目の神」「片目の妖怪」というのは、たたら職人が神格化されたものです。1つ目小僧とか、ひょっとことか。ギリシア神話でも製鉄の神はキュプロプスという片目の神です。

さて中国では、漢の時代に「高炉」というものが作られています。これは何メートルもあるような筒状のレンガの棟を作って、水車を使って風を送り込むのです。1500℃になると鉄は完全に溶けます。ドロドロになった鉄を鋳型《いがた》に流し入れ、形を作るのです。お寺の鐘とか、小さい鉄鍋《てつなべ》みたいなものを作ります。これらを鋳物《いもの》とか鋳鉄《ちゅうてつ》とか言います。

渡辺　大砲も鋳鉄ですね。

茂木　ヨーロッパでは中世の後半、百年戦争あたりから大砲が普及しました。はじめは青銅で作っていましたが、すぐ傷んでしまうので鋳鉄に変わっていきます。

教会の鐘とか大砲は、もちろん高炉で作られました。風を送り込む装置は、人力から水車へ、産業革命で蒸気機関へと変わります。森林伐採で木炭が不足すると、燃料も石炭に変わります。

ところが高炉には欠点がありました。鉄鉱石と石炭を一緒に入れて焼くとき、石炭の炭素が鉄に混ざってしまって鉄を脆《もろ》くします。大砲みたいな衝撃を受ける物だと、割れやすくなるのです。柔軟な鉄を作るためには炭素を減らさなければいけないのです。

この欠点を補う新技術が「反射炉」です（図2）。18世紀に発明されました。

石炭を燃やす部屋（火床）と、鉄を溶かす部屋とを分けたのがポイントです。火床で石炭をバンバン燃やすと、その放射熱が鉄鉱石に当たって溶かす。だから反射炉と言います。火床で燃焼させた石炭の炭素分が、溶解した鉄に混ざらないようにするのです。この技術でヨーロッパ諸国はどんどん鉄の大砲を作っていくこ

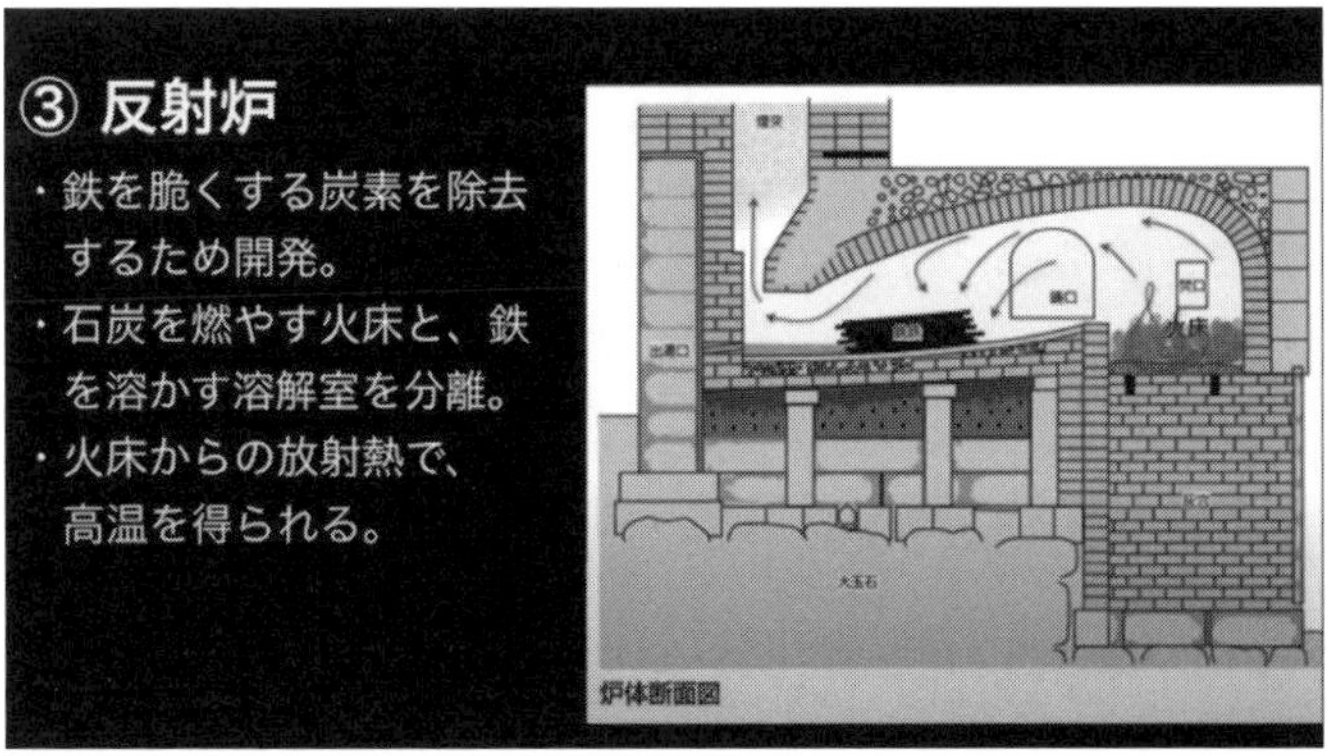
③ 反射炉
・鉄を脆くする炭素を除去するため開発。
・石炭を燃やす火床と、鉄を溶かす溶解室を分離。
・火床からの放射熱で、高温を得られる。
火床
炉体断面図

図2

となります。この反射炉の技術は、長崎経由で日本にも入ってきました。

『ロイク王立鉄大砲鋳造所における大砲鋳造法』（U・ビュゲーニン著）というオランダ語の書籍が入ってきて、これを蘭学者たちが競って日本語に翻訳しました（図3）。それが出版されて、幕末には全国にこの製法が広まっていました。これはすごいことですよね。

ペリーがやって来る20年前にモリソン号事件があり、いよいよ西洋人が襲ってくるということで、各藩は独自にこの反射炉を作っていきました。

反射炉は全国にあったのですが、現在も見ることができるのはたった4カ所です（図4）。佐賀藩の反射炉はミニチュアとして再現されています。長州藩の反射炉は、煙突部分だけ当時の物が残っています。そして水戸藩、これは完全に復元されたものです。

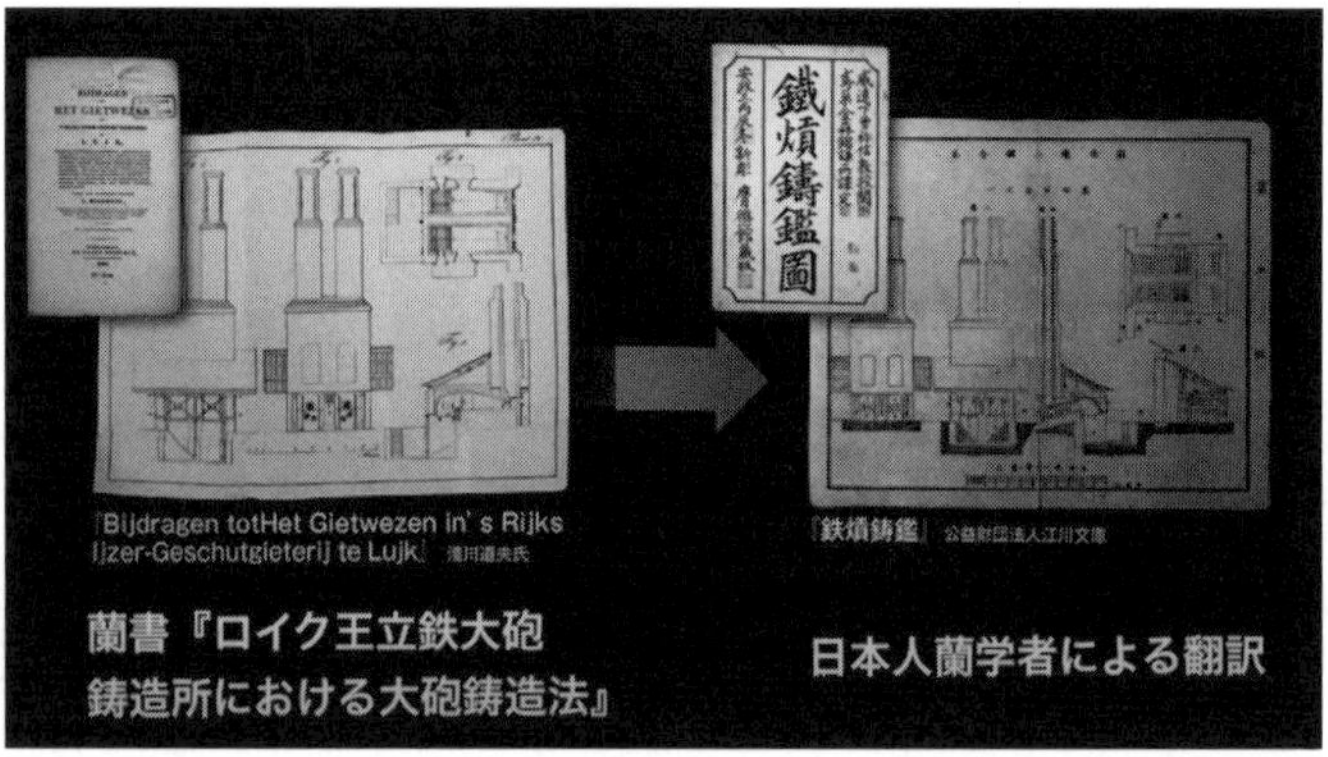

図3

渡辺　当時の実物が完全な形で残っている唯一の反射炉が、今私たちの背後にある、伊豆の韮山の反射炉です。これを作ったのは、伊豆韮山《にらやま》代官の江川太郎左衛門34代・英龍さんでした。江戸湾のお台場も作った人ですね。

実は英龍さん、最初は下田港でこの反射炉を作り始めたんですけれど、あることがあって途中で中止になりました。

茂木　「あること」とは、何ですか？

渡辺　ペリー艦隊の水兵が下田を散歩したときに、建築中の反射炉を見つけたんです。

これはマズいということで、目立たない場所に作ったのが韮山反射炉です。伊豆半島の奥深いこの場所は、

図4

これから訪問する江川邸にも近く、指導が行き届きます。

下田では、吉田松陰が匿《かくま》われた村山邸を見学しました。そこから歩いて直ぐの稲生沢川の橋を渡ったところに「反射炉跡」というバス停があります。ですが反射炉跡そのものは残っていません。

茂木　つまり、国防のための大砲を作る反射炉ですから、アメリカにバレては、まずかった。

渡辺　アメリカは当時日本の大砲がどれだけの飛距離を持っているのかなども調べていました。艦隊が江戸湾（東京湾）に入るときに、千葉側の富津や、神奈川の三浦半島観音崎から大砲を撃って、どこまで届くのかなどの計算もしていました。

だから、真ん中を通れば江戸幕府の大砲の力では絶対に安全だというのが分かっていたのです。長距離に砲弾を打ち込める高度な大砲を作っていることがバレてはいけません。ですから急いで韮山で隠れるように反射炉を再建築したのです。

茂木　ここで、韮山代官のことを少し説明させてください。

韮山というのは伊豆の地名です。ここに住んでいた江川という武将がいました。江川氏は、初めは小田原北条氏に仕えていたんですが、徳川方ともつながっていて、最終的に小田原北条氏を裏切り、徳川方に寝返りました。なので、北条氏が滅んだ後も生き残り、その伊豆の所領を安堵されたのです。

しかも非常に優秀だということで、家康から幕府の直轄領の管理を任される代官になりました。最初は5000石ぐらいだったそうですけれども、どんどん管理地が増えていった。地図を見るとすごいことがよく分かりますが、伊豆半島から神奈川県の大部分、あと、山梨県の一部、それから東京の多摩が、この韮山代官江川家の管理地でした（図5）。推定10万石ぐらいの、

図5　江川邸所蔵

中規模の大名クラスの力を持っていたことが分かります。

当主は代々「太郎左衛門」と名乗り、その第34代が韮山反射炉を作った英龍です。英龍は元々学問が好きで、特に蘭学に興味があり、蛮社の獄で有名な蘭学者の渡辺崋山や高野長英を重用しました。いよいよ異国船が来るというとき、どうやって日本を守ればよいのかを彼ら蘭学者たちからアドバイスを受けているのです。

何度か話に出てきたモリソン号事件というのは、1837年（天保8年）に、日本人漂流民7名を伴って通商を求めて来航したアメリカの商船モリソン号を、幕府が異国船打払令に基づいて砲撃し、退去させた事件です。モリソン号はアメリカの商船で、浦賀に日本人漂流民を送り届けて、あわよくば捕鯨の基地として港を開いてくれないかということで、武器も持たずにやって来ました。日本側がこれをイギリスの軍艦と誤認して、砲撃してしまいました。

それで日本側は、報復に来るのではないかと大騒ぎになり、それで時の老中・水野忠邦が「ちょっと江戸湾の防衛体制を見てこい」ということで、調査隊を派遣しました。

その際、目付《めつけ》の鳥居耀蔵《とりいようぞう》と韮山代官の江川英龍の2人がリーダーとして江戸巡視を行いました。目付というのは旗本御家人の監視役で、今でいう警視総監のような役目です。

しかもこの鳥居耀蔵という人物は、蘭学に対して強い警戒心を持ち、「アイツらは西洋かぶれだ」という考えでした。その蘭学者たちと親しい江川英龍とは意見が合わず、渡辺崋山や高野長英が「幕府の海防政策は生ぬるい」などと言い出すと、「幕府に対する批判は許さぬ！」ということで弾圧しました。これが「蛮社の獄」です。

大勢の人が捕まり、渡辺崋山は自殺、高野長英は終身刑になり一度牢に放火して脱獄して潜伏したんですけれど、最後は捕まり、捕縛の際に殴られて死亡しました（図6）。

江川英龍も当然失脚しかけたのですが、老中・水野忠邦がとても彼のことを買っていたので事無きを得ました。その後、江川英龍はこの韮山反射炉を作ったり、江戸湾にお台場（砲台）を作ったりしました。

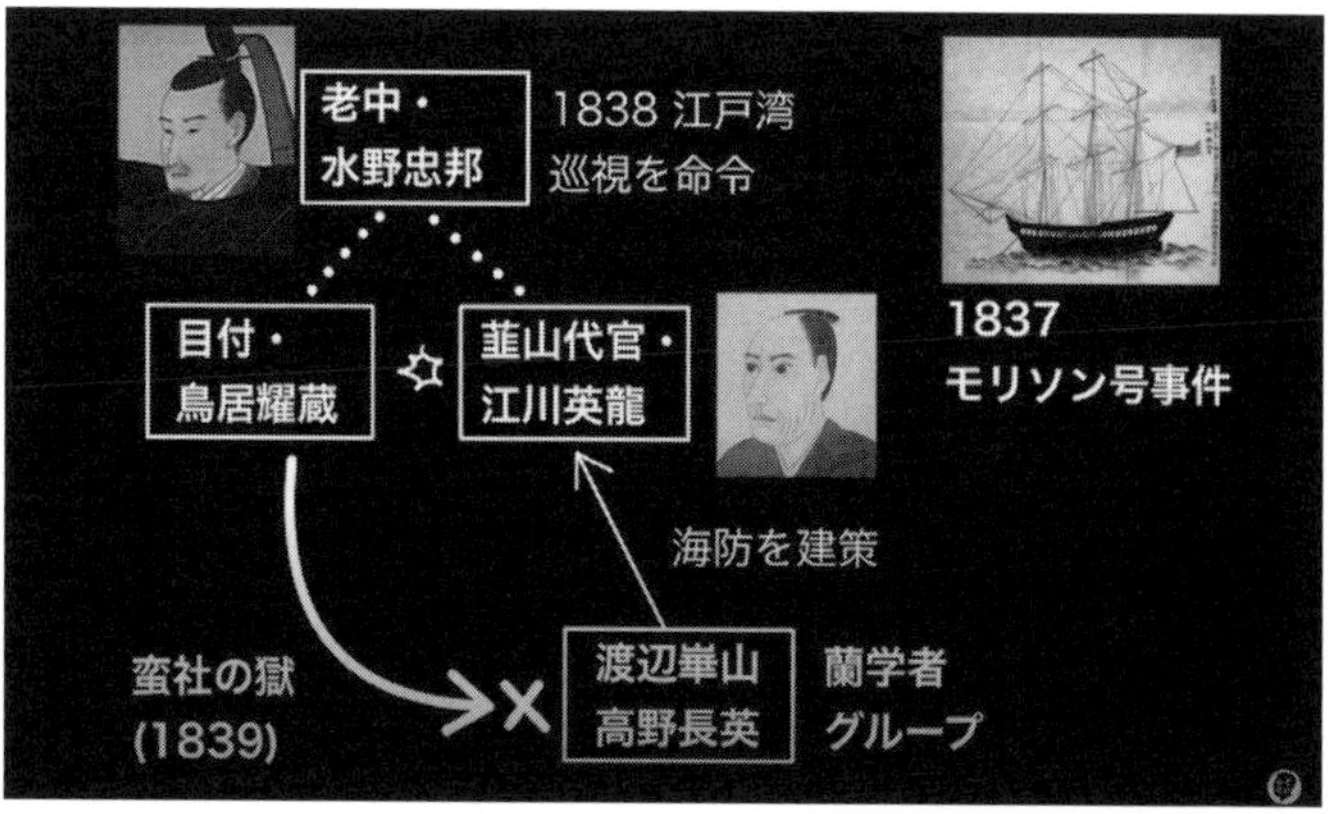

図6

そして実際にペリー来航に立ち会うことになります。

渡辺　江川太郎左衛門英龍との確執で知られる鳥居耀蔵は、儒学の権威である林家の出身で、鳥居家に養子にいっている人なので、いわゆる朱子学的な考え方だったんですね。

例えば長崎で砲学を勉強して、高島平で砲術演習をした開明的な砲術家の高島秋帆《たかしましゅうはん》なども投獄しました。

逆に江川英龍は、貶《おとし》められた人たちをバックアップしていた人です。けれど、英龍の存在は日本の人たちにはあまり知られていません。先ほど茂木先生がおっしゃっていましたが、所領もすさまじく広くて、それだけの領地をコントロールできる人っていうのは、幕府の官僚もそうはいませんでした。

昔、奥多摩をドライブしていたときのことです。たまたま寄ったガソリンスタンドで、店主が伊豆ナンバーの私の車をみて「同じお殿様（代官）の所の方ですね」とにこやかに話しかけられたのを覚えています。

茂木　東国の幕府直轄領の総まとめをした人ですよね、この韮山代官っていうのは。

渡辺 そうです。だから、英龍がもう少し長生きしていたらよかったのですが、仕事をし過ぎました。身体を病んで、早くに亡くなってしまいました。江川や小栗忠順《ただまさ》のような開明的な幕臣がリードしていけば、明治維新とはまた違う近代化の形もあり得たでしょう。

スポット情報

韮山《にらやま》反射炉
静岡県伊豆の国市中260-1 〈3月から9月〉9時から17時〈10月から2月〉9時から16時30分 休第3水曜日（祝日の場合はその翌日） 料大人500円、小中学生50円（江川邸との共通券も別途あり） Pあり
アクセス方法 伊豆箱根鉄道・伊豆長岡駅から徒歩30分 伊豆「長岡駅」から観光周遊型バス「歴バスのる～ら」（てつざえもん号）乗車

14

中伊豆

築400年！関東一円を治めていた代官所

韮山代官・江川太郎左衛門邸（江川邸）

茂木　韮山反射炉から北に1・5キロメートルほどのところにある、韮山代官・江川太郎左衛門のお屋敷にやって来ました。この江川邸は平安末期から幕末に至るまで700年以上に及ぶ歴史を持つ江川家の人々が代々住んできた屋敷で、先ほど見てきた世界遺産「韮山反射炉」の生みの親として有名な江川英龍《ひでたつ》の邸宅であり、韮山代官所でもありました。天気がいい日は富士山がくっきりと見えて、美しい場所です。

屋敷は400年前に建てられた木造建築で、当時のまま残っています。残念ながら我々が行ったときは修復中でした。中には、江川英龍の資料が展示されています（写真❶）。

ここで、江川邸ガイドのAさんに、江川太郎左衛門こと英龍のことを詳しく伺いたいと思います。

A　この江川邸に住んでいた江川太郎左衛門こと英龍は、まず江川邸の学芸員の先生方からは「日本のレオナルド・ダヴィンチ」と言われています。

彼は数々の才能があって、絵や書、落款《らっかん》という印鑑も彫っていて、芸術にも秀でていました。蘭学者などの意見を聞きながら韮山反射炉を建設するなど数々の功績を残し、また人としてもとても温かい人だったそうです。優しさに溢れながら万能。とにかくすごい人でした。

江川邸　入口

茂木　代官としての膨大な仕事をこなしながら、芸術や自然科学研究を独学でやっていたのですね。とてつもないエネルギーですね。

A　江川邸内には英龍が描いた絵がたくさん残っています。お忙しい方で、55年という短い生涯の中で、これほどまでにたくさんの絵を残せたということは、やはり早書きだったのではないかと言われています。

茂木　英龍は韮山反射炉以外にも数々の功績を残したということですが、例えばどんなことがありますか？

A　「皆さん、英龍が行ったことで、これは覚えて帰ってください」とご案内させていただいているのは、次の5つのことです。

写真1

1つ目が、「韮山反射炉を作った」こと。

2つ目が、「東京お台場を作った」こと。その跡は今も見ることができます。

3つ目は、「日本にパンを広めた」こと。英龍は「パン祖」とも呼ばれています。

4つ目は、「気を付け、右向け右」という号令を考えた人だということ。

5つ目は、「日本で初めてヨット（西洋型帆船）を作った」ということです。

英龍のことは、実は戦前の歴史の教科書に載っていたのに、戦後は削除されてしまい、あまり知られなくなってしまいました。

茂木　え、戦前には教科書に載っていたんですね。

A　はい。では、時系列に沿って説明させていただきます。英龍は1801年（享和元年）に生まれました。35歳で韮山代官となった英龍を悩ませていたのは、外国船の存在でした。時は幕末で、日本の周りを外国の船がウロウロするようになったり、アヘン戦争に負けた清国がひどい目に遭っていた時代でした。

その状況を危惧した英龍は、「日本は海防を考えなければいけない」と思うようになります。

そこで41歳のときに高島秋帆《たかしましゅうはん》（*）から高島流砲術という最新の大砲の技術を学びます。わずか1年半で習得してしまった英龍は、それを皆に教えたいという気持ちで「韮山塾」を始めます。

この旧江川邸に、当時座学の場所になっていた部屋が残っています（写真2）。当時の塾生は、北は北海道から南は薩摩まで全国から人が来ていて、幕府公認の塾だったそうです。そして、韮山塾では座学だけではなくて大砲の実践訓練もしていました。ここにその訓練の様子の絵があります。これは英龍が描いたそうです。

その訓練は何日も山にこもりますので食料の問題があったそうです。おにぎりだとすぐに腐ってしまうし、お米を炊くと煙などで敵に位置がバレてしまう。そこ

写真2

で英龍が目を付けたのが、パンでした。

その頃、もちろん長崎出島ではパンが作られていたけれど、出島の外でたくさんの人に食べられるきっかけをつくったということで、パンを広めた英龍は「パン祖」と呼ばれております。

茂木 なるほど。「パンの父」ですね。

A はい。さらに、こちらの塾では集団行動をしていたため、掛け声をよく使っていました。しかしそれはオランダ語の号令だったため分かりづらいということで、日本語に訳したのが、「気を付け、右向け右」ということになります。

そんな最中、英龍が怖れていたことが起きました。1853年(嘉永6年)7月のペリー来航です。ペリーは開国を迫るのですが、幕府は返事を待つように言います。すると、ペリーは「1年後に再びやって来る」と言って、帰っていきました。

この間に幕府は江戸を守るため、砲台を作る計画を始めます。それが、東京お台場です。大砲に一番詳しい者は誰かとなり、韮山塾の功績があった英龍に白羽の矢が立ったわけです。英龍はペリーが来て1年も経たないうちに第1、第2、第3台場を完成させてしまいます。

ペリーは「1年後に来る」と言っていたのに、幕府が混乱しているのをいいことに、なんと7カ月後に再び江戸湾に来てしまいます。しかし完成間近の建設途中のお台場を見て、浦賀に引き返していったので、お台場計画は成功と言ってもいいのではないでしょうか。さらに同じ頃、英龍は「地元伊豆にも最新の大砲を作る設備がほしい」と考え、反射炉の建設を開始します。

ところが建設途中の1855年（安政2年）に英龍が急死してしまいます。その意思を引き継いだ息子の英敏《ひでとし》によって、1857年（安政4年）に韮山反射炉が完成しました。

最後にヨットの話をさせてください。こちらは英龍が亡くなる数カ月前の出来事になります。下田に来ていたロシア軍艦ディアナ号が安政の大地震で大破し、駿河湾沖に沈没してしまいます。幕府はロシア人船員たちを国へ帰すために船を作るプロジェクトを始め、その現場監督の責任者として、英龍を任命します。このときロシア側が設計図を描き、英龍が地元の人たちを指揮して作った船「ヘダ号」が、日本で初めて作ったヨットと呼ばれています。

これに関わった船大工が維新後に造船会社を作ったり、軍艦を設計したり、世界遺産になった山口県萩の造船所（恵美須ヶ鼻造船所）でも後に働く者が出てくるのです。維新を見ずに亡くなった英龍の遺志は、韮山反射炉、ヘダ号の経験を通じて未来に受け継がれるものが多数ありました。

渡辺　ありがとうございます。英龍が作ったヨット、ヘダ号の絵は残っていますか？

A　こちらに少し残っています。戸田《へだ》にある造船資料館には模型もあります。

渡辺　なるほど。あ、これはマリナー号事件のときに英龍が着ていた服ですね（写真3）。

写真3

茂木　ペリー来航の数年前に、イギリスの測量船マリナー号が江戸湾にやって来て、勝手に浦賀や下田などを測量し始めたんですよね。

渡辺　伊豆韮山代官だった江川英龍がマリナー号退去のための交渉にあたりました。その際、英龍はここに展示されているようなド派手な服を着て、まわりの武士にもフランスの陸軍のような制服を着させて、交渉に臨《のぞ》みました。それを見たマリナー号艦長は交渉に応じて、退去したという話ですね。

この事件は、私が翻訳した『日本　1852――ペリー遠征計画の基礎資料』（草思社）にも書かれていますから、イギリスではよく知られていたことが分かります。マリナー号に乗り込んだ英龍は豪華な衣装をまとい、威厳があり、堂々とした態度で交渉に臨みました。マリナー号艦長はそれに感銘を受け、すぐさま退去しました。圧を感じたのだと思います。

茂木　下関戦争のときの高杉晋作のようですね。英龍は伊豆・駿河・武蔵・甲斐といった関東一帯の天領を治め、10万石を有していたということで、大名クラスですよね。大名でもここまで肝の据わった人はそうそういないでしょう。実務能力に加え、胆力のある人物だったことがよく分かります。

A この江川邸自体の話をすると、土間から見上げた天井の構造や生き柱が有名です。

この土間がある主屋は「小屋組づくり」と呼ばれていて、ネジや釘が一切使われず、木の柱だけで組み合わせたつくりになっています（写真**4**）。今で言う耐震構造です。江川邸は1600年（慶長5年）に建てられた伊豆半島で最も古い邸宅ですが、地震の多い伊豆半島であっても、いまだにしっかりと建っています。

茂木 ここに「生き柱」（写真**5**）というものがありますね。これは何でしょうか？

A これは、江川邸が建てられる前からあったと言わ

写真**4**

れているもので、生き木をそのまま柱に利用したと伝えられています。けれど実は下の部分をよく見ると違う素材の木が使われています。では根元はどこに行ったのかというと、隣の部屋に保管されています（写真**6**）。そちらを見ると根元がくびれているので、危ないから切ったのではないかと考えられています。

茂木　展示品も江川邸自体も、とても貴重なものだということが分かりました。富士山もすごくきれいなので、ぜひ多くの人に来ていただきたい場所ですね。

（＊）高島秋帆：幕末の兵学者、砲術家。開国通商派の１人。長崎の町年寄兼長崎奉行所鉄砲方の父の跡を継ぎ、オランダ式砲術を研究。１８４０年（天保11年）のアヘン戦争に触発され『泰西火攻全書』を著し、洋式砲術の振興を幕府に進言した。41年（天保12年）

写真**5**

写真**6**

5月伊豆韮山代官江川太郎左衛門（英龍）の後援で江戸徳丸ヶ原で洋式砲術の公式実演を挙行。長崎会所調役頭取に栄進。先覚的行為を非難されて翌年投獄されたが、ペリー来航とともに許され、56年（安政3年）幕府の講武所砲術師範役、具足奉行格となった。

スポット情報

江川邸

住所 伊豆の国市韮山韮山1番地　時間 9時から16時半。毎週水曜日は、9時から15時　休 年末年始・第三水曜日　料 大人650円、小中学生300円（韮山反射炉との共通券も別途あり）　P あり

アクセス方法　電車 伊豆箱根鉄道・韮山駅より徒歩20分／タクシー6分　バス 伊豆箱根鉄道・伊豆長岡駅から観光周遊型バス「歴バスのる～ら」乗車

15

中伊豆

虚無僧《こむそう》の隠れ里で柱状節理《ちゅうじょうせつり》を見た！

旭滝《あさひだき》と虚無僧の墓

茂木　伊豆半島の真ん中よりちょっと北西に位置する伊豆市内の大平《おおだいら》神社にやってきました。ご祭神は日本神話の最初に出てくる高皇産霊神《たかみむすびのかみ》。その隣には旭滝があります。いや～渡辺先生、素晴らしい滝ですね。

渡辺　そうですね。この滝は案外知られていません。昨日は雨でしたから水量が多くて、迫力があります。よく見ていただくと、滝の表面の岩が六角形になっているでしょう？

茂木　そうですね。

渡辺　旭滝は、岩肌が石垣を積み上げたように見える特徴があります。この伊豆半島は火山で出来上がった島で、もともとは赤道直下辺りにあったものが、何億年もかけて日本列島にぶつかってつながりました。

マグマが地表に湧き上がりそれが冷えて出来上がった石柱の石塊を「柱状節理」といいます。たくさんの鉛筆を輪ゴムでまとめたようなものを想像したらいいと思います。その先端部分が表面に見えていて、その頭の部分を水が流れています。伊豆半島ジオパーク（＊）の名物の1つです。

茂木　大陸移動説ですね。地球の表面は何枚かのプ

旭滝の表面にあらわれている柱状節理

レートに分かれていて、それがゆっくりゆっくりと年に2、3センチぐらいずつ移動しています。図1を見ていただくと、フィリピンが乗っているプレートの上端部は伊豆半島にまで達しています。だからもともと伊豆半島は太平洋上にあった島で、それが日本列島にぶつかり、今でもその衝突が続いているというわけですね。そのエネルギーがあるから火山活動や地震が伊豆半島では多くて、温泉も出ています。富士山もこのエネルギーで生まれたものですね。

渡辺先生の説明された「柱状節理」について補足しましょう。まず火山の噴火があり、中心のドロドロとしたマグマが固まりますと、硬い岩石になります（図2）。で、周りは軟らかい火山灰ですので、それはだんだん雨風によって

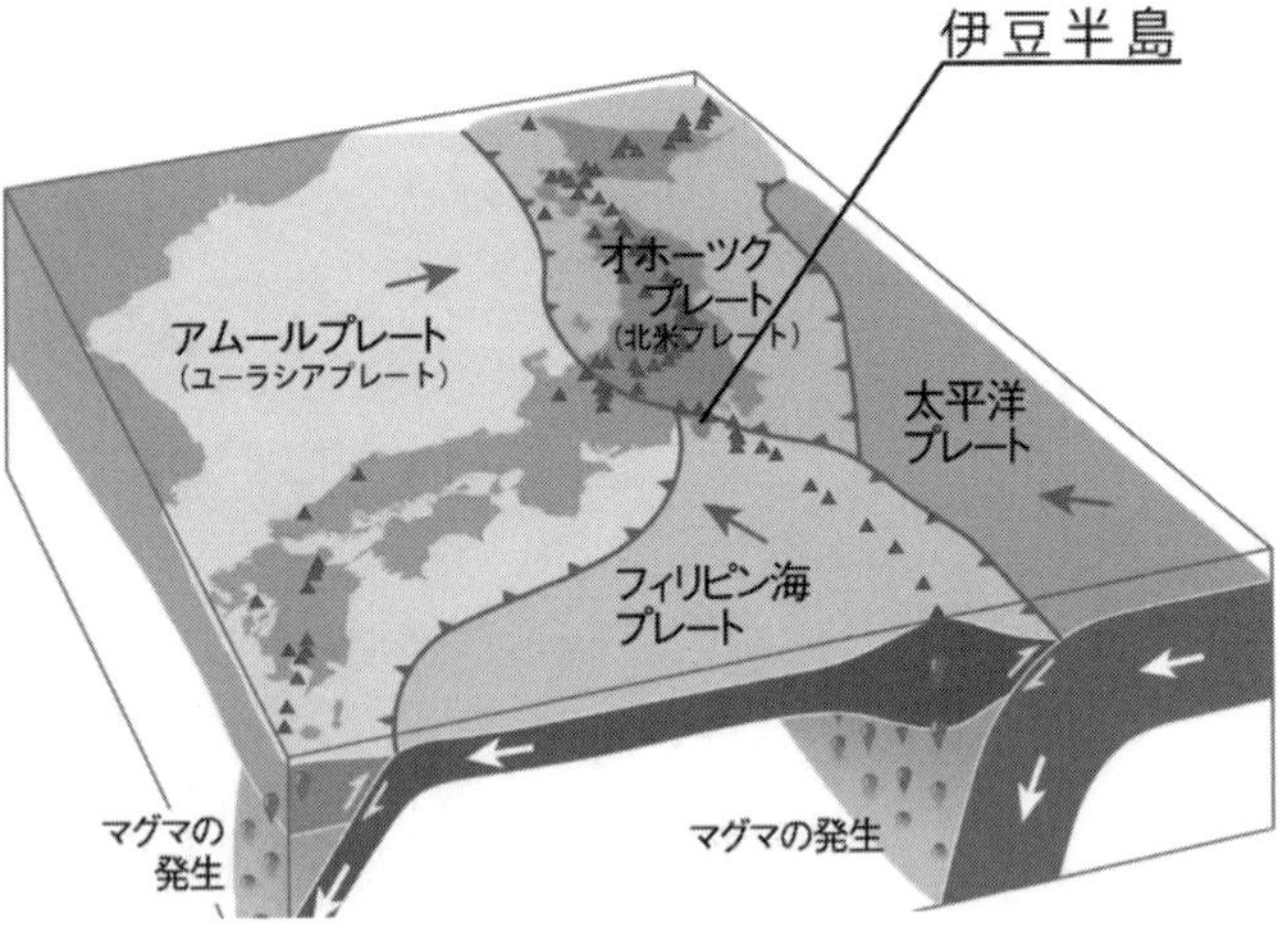

図1

浸食されて削られていきます。そうすると、真ん中のマグマが固まった芯の部分だけが残って、柱状の岩石の塊としてそびえ立ちます。これを火山岩頸《がんけい》とか、「火山の根」と言うそうです。

　これを拡大すると、図3のようになっていて、表面（図でいう左側）から冷えていきます。そして溶岩は冷えると体積が減り、隙間ができ、その過程で六角形の形ができると。これを柱状節理と言います。四角形、五角形もありますが、六角形が一番安定しています。実は六角形は自然界によくあって、蜂の巣状の構造も六角形です。あとは、雪の結晶やカメの甲羅もそうです。

　滝の近くに行くと、柱状節理がよく分かりますね。六角形です。

　伊豆半島にはこういった柱状節理が地表に出

■「火山の根」のでき方　Formation of volcanic neck

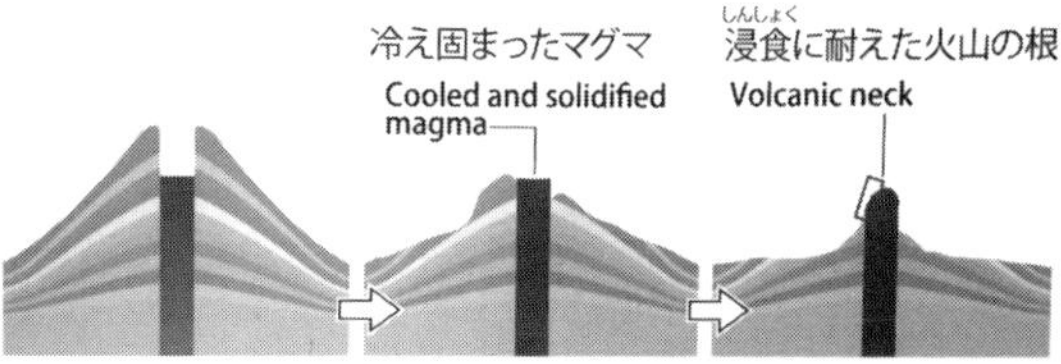

　火山の直下で冷え固まったマグマが、のちの浸食によって洗い出されたものを火山岩《かざんがん》頸《けい》（火山の根）と呼びます。浸食に耐えた１枚岩は急峻《きゅうしゅん》な山を作ることがあります。

A volcanic neck is a steep, rocky hill created by magma solidifying along the vent of a volcano.
The brittle outer layers of the volcano was eroded and only a volcanic neck remains.

図2

ている所がたくさんありますので、歴史のみならず、岩石や地質学に興味のある方も楽しめる場所だと思います。

渡辺　ここに立つとね、むしょうに音楽を奏でたくなるのでしょうね。そこに石碑がありますけれど、昔ここには普化宗《ふけしゅう》のお寺がありました。いわゆる虚無僧《こむそう》の宗派です。京都に本山（明暗寺）があります。江戸時代にはここで虚無僧たちがこの滝を背にして尺八《しゃくはち》を奏でていました。

尺八に少し詳しい人は誰もが知っている「滝落ちの曲」は、ここで作曲されたものです。受験勉強などをしながら聴くバックグラウンド・ミュージックには最高ですよ。この滝を見ながら1曲吹くという、風流な時代がかつてあったということです。

■旭滝の柱状節理　Columnar joints of Asahidaki Falls

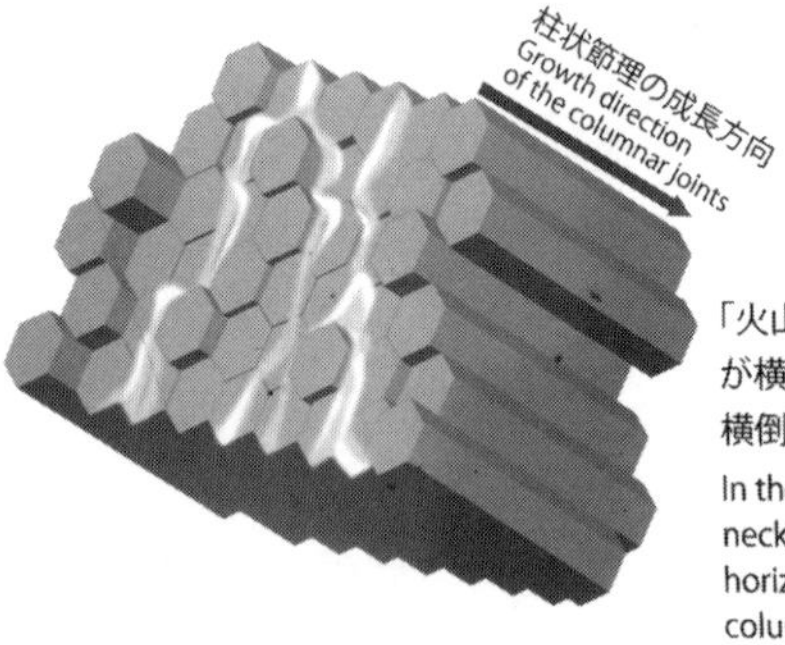

「火山の根」の側面では、マグマが横方向から冷やされたため、横倒しの柱状節理ができました。

In the lateral side of "volcanic neck", magma was cooled from horizontal direction, and horizontal columnar joint was formed.

図3

普化宗は明治になってから政府に嫌われ、全部潰されてしまいました。一国一寺だったため伊豆の国には「瀧源寺」というお寺が1つだけここにありましたが、1871年（明治4年）に廃寺になりました。興味のある方は普化宗の歴史を調べてみてください。

茂木　あの、籠《かご》みたいなものをスッポリと頭に被って、尺八を吹いている僧ですよね。

渡辺　その集団が普化宗ですね。

茂木　なぜ明治政府は、そんなに嫌ったのですか？

渡辺　詳細は分からないですけど、江戸幕府と通じていたところがあったのではないでしょうか？　要するに探偵というか、そういうことをしていた疑いがあっ

普化宗という禅宗の一派の修行僧
虚無僧

た。

茂木　顔も隠せますしね。

渡辺　そんな普化宗の虚無僧が、こういう所で「修行」していたということです。旭滝はあまり知られていないですけど、自然のやさしさを実感できる魅力のスポットです。滝音が心地いいです。滝近くまで続く遊歩道があるので、柱状節理の六角露頭も間近に見ることができます。

ところで先生が初めに紹介された大平神社。駐車場の正面に鎮座する小さな社ですが、おっしゃるように高皇産霊神《たかみむすびのかみ》がご祭神です。『古事記』では混沌の宇宙からまず天之御中主神《あめのみなかぬしのかみ》という神様が現れます。その次にこの高皇産霊神が、そして神産巣日神《かみむすびのかみ》と続きます。この三神は造化三神と呼ばれます。

『古事記』にある造化三神は混沌なる宇宙から生まれました。つまり神の前に宇宙が存在していました。古事記では神が宇宙を創造したのではない。日本では神さえも宇宙の大原理の中の存在ということを示していると思います。

茂木 だから日本では宇宙（混沌なる世界）の中で生かされているという、自然に対する謙虚な気持ちが素直に出てくるのですね。万物にはじめから神が宿るという思想は汎神論《はんしんろん》と言いますが、西洋キリスト教世界では「異端」として弾圧されてきた歴史があります。最近になって彼らはエコだ、ＳＤＧｓだと騒いでいますが、我々はおそらく縄文時代から自然環境と共生する文明を築いてきたのです。

（＊）伊豆半島ジオパーク：静岡県の伊豆半島における大地（ジオ）が育んだ貴重な資産を多数備えた地域が、それらの保全と活用によって経済・文化活動を高め、結果として地域振興につなげていく仕組み

スポット情報

旭滝／大平神社
伊豆市大平　Ｐあり
アクセス方法 伊豆箱根鉄道・修善寺駅からバスで10分。旭滝口バス停下車　徒歩４分

16

中伊豆

半日で落ちた山中城《やまなかじょう》。小田原評定からみる必要なリーダーシップ

後北条氏独特の城郭構造・山中城

渡辺　ここは静岡県三島市にある山中城跡です。山中城は、戦国時代末期の天文年間から永禄年間（1530～1560年頃）に、後北条氏によって小田原防衛の西の拠点として築かれました。箱根十城の1つです。後北条氏滅亡と共に廃城となりましたが、後北条氏独特の城郭構造です。

茂木　南関東――埼玉・東京・神奈川から伊豆までの城跡を巡ると、ほとんどが関東管領

の上杉氏が築き、小田原北条氏に攻め落とされていますね。江戸城、川越城がその典型です。最終的には秀吉の関東攻めで次々に落城していったイメージがあります。小田原北条氏が秀吉に備えて新たに築いた城としては、八王子城や、ここ山中城があります。

先生、後北条氏独特の構造とは、どういうことですか？

渡辺 まず土塁と堀で構成され、天守閣や石垣がないのが特徴でしょう。それから防御策に多くの工夫があります。例えば敵が侵入してくる侵入路としての畝《うね》をわざと作って、敵の兵士を集中させてから攻撃します。

植栽されて今は分かりづらいかもしれませんが、城跡の西櫓堀では、約9メートル間隔に8本の畝が作られていて、畝は粘土層で滑りやすい。歩けない敵兵は「Sitting Duck（無防備な、いいカモ）」です。

茂木 関東ローム層の赤土ですね。水はけが悪く、泥沼になる。滑らせて敵の侵入を防ぐだけでなく、もし人間が堀に落ちれば脱出することは不可能だったそうですね。

堀をわざと格子状に仕切っていますね。これは面白い。

渡辺　障子堀《しょうじぼり》といいます。ここに雨水を溜めて、生活用水にも利用したそうです。城に詳しい専門家によれば、「西は石垣、東は縄張り」と言うそうです。縄張りというのは城の設計思想で防衛するものです。攻めてくる兵力を分散させ、防衛側が攻撃しやすい形にする。要するに城の形づくりを工夫して防衛するというのが東の発想です。

茂木　室町時代の関東は、両上杉家と古賀公方のバトルが続き、一足先に戦国の世が到来していました。関東の地形や地質を活かした築城技術が必要だったんですね。上杉氏に仕えた太田道灌《どうかん》は、その名手でした。

山中城の障子堀（現地の解説図）

渡辺 後北条氏は戦国時代に5代、90年を費やして関東地方の大半を制し、関東の覇者の地位を確立していました。1585年（天正13年）、豊臣秀吉が関白に任官し、その後2年で四国・九州などの西日本の統一を完了しました。天下統一を狙う豊臣秀吉はここで眼を東に向けます。関東の後北条氏や、その周辺の大名に臣従するよう促しました。秀吉は何度も後北条氏に臣下の礼をとるよう上京を促しましたが、後北条氏はそれを拒否します。

茂木 「当家はミツウロコの北条氏じゃ！百姓上がりの関白に、アタマは下げぬわ！」って感じですね。

山中城の障子堀（現状）

渡辺　秀吉は何度も後北条氏に臣下の礼をとるよう上京を促しましたが後北条氏はそれを拒否。秀吉と後北条氏の関係が悪化していくなかで、北条氏政《うじまさ》は秀吉の小田原攻めに備えて山中城を改修し、防備を固めました。山中城は、西から攻めてくる秀吉の大軍をとどめるための、箱根の西の最初の防衛拠点でした。

１５９０年（天正18年）に、約６万の豊臣軍の軍勢が山中城を攻撃。一方で後北条軍は４０００で、防戦のかいなくわずか半日で落城。４カ月後には小田原に籠城した後北条氏は豊臣軍に降伏します。

茂木　けれど、このように練りに練られたお城にもかかわらず、秀吉軍の前に半日で落ちてしまったんですよね。

山中城の障子堀

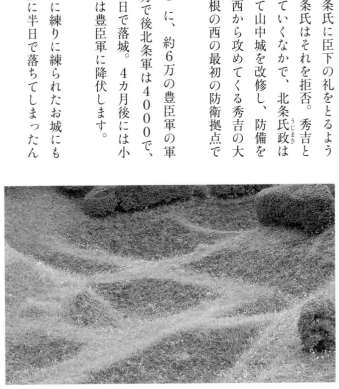

渡辺　そうなんです！
　戦力差は当然ですが、先ほどお話しした城造りの思想が時代遅れだったのです。後北条氏の城造りの発想は基本的に白兵戦――刀・剣・槍などで戦う肉弾戦でした。これに対して秀吉軍は鉄砲の一斉射撃で攻め立てました。鉄砲で打たれてしまうと、縄張りを考えながら防衛するという城造りの基本構想がまったく役に立たなかったのです。畝も役に立ちませんでした。
　この戦いが終わった後は、城の形で防衛するというよりも鉄砲に対してどうやって守るかという思想に変わります。鉄砲隊に備えるための石垣で守る城が増えていきます。

茂木　ということはこの山中城こそが、中世の一番古いタイプのお城の最後の例かもしれませんね。

渡辺　加藤清正が築城した熊本城みたいに、がっしりとした鉄砲にも耐えられる城にしなければならないという考えに東日本も変わってきたのは、ここがわずか半日で落城したことが影響しているのでしょう。

茂木　こうして各地の支城が次々に落城していくなか、小田原城では何も決められず、どんどん時間は経っていきました。私は、この小田原評定《おだわらひょうじょう》（＊）の話を聞くと、今の日本の状況と重なってしまいます。

（＊）小田原評定：多くの人が集まって相談しても結論が出ず決定を見ないことをいう。1590年（天正18年）、豊臣秀吉が北条氏の小田原城を攻めたとき、城内で和戦の評定が長引き、ついに決定を見ないまま滅ぼされたことから出た言葉。

渡辺　まさにそうですね。小田原攻めの結果、秀吉の天下統一が実現し、その秀吉が没すると徳川家康の時代になります。ところで小山評定《おやまひょうじょう》をご存じですか？

茂木　天下分け目の戦いである「関ヶ原の戦い」の直前、徳川勝利への道筋をつけた重要な軍議ですね。

秀吉の死後、重臣たちの間で権力闘争が始まりました。五大老と呼ばれる重役クラスの徳川家康に対し、秀吉の秘書室長みたいな立場だった石田三成が家康排除を掲げて挙兵したのが関ヶ原の戦いです。

渡辺　そうです。小田原攻めの後は秀吉の時代になり、その後徳川家康の時代になります。関ヶ原の戦いは1600年（慶長5年）10月に、徳川家康率いる東軍と、石田三成ら西軍が関ケ原（岐阜県）で激突しました。この合戦は、日本史上空前絶後の野戦です。

その直前、7月頃に家康率いる軍勢は、上洛して臣下の礼をとらない上杉景勝を討つために会津（福島県）に向かっていました。その途中、下野国（栃木県）小山城に入ったとき、石田三成が家康打倒の兵を挙げたという報が入ってきたのです。

家康は諸将を招集して軍議を開き、従軍の諸将に「徳川につくか、石田側につくか」を質したのです。これが「小山評定」です。

茂木　石田三成が挙兵をしたとなれば、妻子の命が危ぶまれる。かなり動揺したはずです。

渡辺　そうです。だから家康は急遽諸将を集めて評定（軍議）したのです。

そのときに家康は、「家族を人質にとられている武将もいるだろう。三成につくなら大坂に戻れ。それでもかまわぬ」と言い放ちました。諸将が本当に三成に味方することになれば家康に勝ち目はありません。大きな賭けでした。

そのとき土佐藩初代藩主となる山内一豊《やまうちかずとよ》が真っ先に発言します。

「私は家康公と共に三成成敗に向かいます！」

続いて福島正則《ふくしままさのり》なども家康を支持したため、評定に参加している諸大名のほとんどは家康支持に固まります。こうして会津攻めは中止され、関ケ原へ向かうことになりました。

実はこれには裏があって、小山評定の前夜、最初に味方するように宣言してほしいと家康が山内一豊を説得していたそうです。こうして最初に場の空気をつくってしまって、一気に決したのが小山評定でした。あとは一気呵成に関ヶ原です。

茂木　なるほど。小田原のぐだぐだ評定とは雲泥の差ですね。家康にはきちんとした戦略があり、場の空気に流されるのではなく、場の空気をつくり上げた。決断できる人間とは、こういうときに本領を発揮するわけですね。

渡辺　小田原評定は降参するかしないかということでずっと揉めていたんだけれど、評定を建設的にするためには、リーダーシップだけではなく裏の仕掛けも重要です。小田原評定の失敗と小山評定の成功は、まさに歴史の教訓です。

やはり空気というのがあるので、その空気をどうやってつくっていくか、いつも考える必要があります。こんなところにきて現代の諸相を語るのはつらいものがあるんだけれど……。

茂木　いや、それこそが歴史に学ぶということじゃないですか。総理大臣は歴史をきちんと学んで、戦略を身につけてほしい。

渡辺　そうですね。指導者の意思決定は家臣と民の人生を変えます。仕掛けが必要だしリーダーシップも必要だしハッタリも必要ということですね。

徳川家康とお万の方の出逢い

渡辺　徳川家はもともと三河愛知の出身ですけれど、実は伊豆とも関係が深いんです。

この山中城の戦いとも関係がありまして、勝つ戦をするために大軍で攻めるのが秀吉のやりかたですよね。その有力武将の1人が家康でした。

家康はここに攻めてくる前に三島の宿で休んでいました。当然接待があるわけです。綺麗な女性が用意されるのですが、その1人がお万《まん》の方でした。
お万の方というのはその出自について諸説あって、河津のほうの城主の養女にされて家康の接待に出されたという話もあります。次項の川端康成の話で出てくる下田街道から見下ろした町が河津です。この方は日蓮宗の女性なんですけれど、そのお万の方に家康が一目ぼれします。で、側室になった彼女が産んだ有名な子どもが頼房《よりふさ》、頼宣《よりのぶ》です。

茂木　徳川頼房は水戸徳川家の祖で、徳川頼宣は紀伊徳川家の祖です。つまりお万の方は、徳川御三家のうち水戸徳川家、紀伊徳川家の初代のお母さんなんですね。

渡辺　ですからこの山中城の戦いがなければ……と思うと水戸も紀伊もなかった。「歴史のイフを考えるな」という人もいるんですが、歴史のイフを考えることこそ歴史の醍醐味です。

茂木　当時は奥方といったら大名クラスの娘さんをもらいますよね？　ですが家康は、名もなき、お父さんも誰かよく分からないような地元の女性をめとり、産んだ子どもたちを後継者にしたのは不思議ですね。

渡辺　逆にそれがよかったのかもしれません。つまり外戚になって実権を握られては困るので。執権北条氏みたいにね。

お万の方の場合は、江川太郎左衛門さんの養女にして箔《はく》をつけた上で側室にしました。

茂木　つまり名ばかりだったんですよね。「江川家の養女」というのは。

渡辺　やはり当時は子どもを残すことが非常に大事でした。家康は自分のために死んだ部下の奥さんを側室にしてしまう悪いやつだと書く者もいます。もちろんそういう解釈もできるんだけれど、でも部下から見れば、自分が戦場で死んだ後も、妻は殿に大事にしてもらえるんだ、という意識はありました。

死んだ部下の妻を側室にするとは何事だという単純な解釈は、逆の意味で時代錯誤です。頼家の話でも、自分の息子を殺すということはありえないようなことだと思いますが、当時の人たちの考え方をまず理解するという姿勢が大事ですね。

茂木　お万の方は、最後まで幸せに生きたんですか？

渡辺　彼女は日蓮宗の信徒でした。日本の宗教史ではやはり徳川……織田信長や秀吉なんかもそうだけど、「いろいろな宗派があっていいよ、その代わりお互いに認め合いなさい」という風潮がありました。けれどそれを最後まで聞き入れなかったのが、日蓮宗の不受不《ふじゅふ》施《せ》派です。

茂木　他の宗派は認めない。キリシタンと似てますね。

渡辺　確かにね。だから家康は、こういう頑迷な宗派に対しては非常に厳しくしていました。日蓮宗に対しても家康は怒り、お万の方が信頼する僧を処罰するということがありました。

　このときお万の方は家康に助命を歎願し、「処罰するなら私も死にます」と告げて出奔するんですよ。結局家康は、その僧を助命しました。日蓮宗が処罰を免れたのはお万の方のおかげです。

日蓮宗の本山の1つ、身延山《みのぶさん》が山梨県にあります。身延山のふもとに彼女のお寺（本遠寺）とお墓があります。日蓮宗にとってはお万の方は大事な人です。

先ほど話したんだけれど、お万の方を形式上養女にした江川太郎左衛門も日蓮宗でした。そういう関係から養子にするという理由になったのかもしれませんね。

この山中城はアクセスがよいので、この話を頭に入れて寄っていただきたい場所です。箱根からすぐの所です。

茂木 三島スカイウォークのすぐ近くですね。ぜひ一緒にご覧ください。

スポット情報

山中城跡公園
静岡県三島市山中新田410-4 10時〜16時 休月曜日、年末年始 Pあり
アクセス方法 伊豆縦貫自動車道・三島塚原ICから約15分 JR東海道線／東海道新幹線／伊豆箱根鉄道・三島駅から「元箱根方面行き」バスに乗り約30分、「山中城跡」バス停下車、徒歩約8分

17

中伊豆

『伊豆の踊子』のモデル? 川端康成《かわばたやすなり》の初恋の人

旧天城《あまぎ》トンネルから川端康成の足跡を辿る

渡辺　今、伊豆市と賀茂郡河津町を結ぶ天城峠を下り、下田に向けて最後のひと越えの所にいます（国道414号線）。下田街道最後の難所です。眼下に河津川が流れていますけれど、この下流が河津《かわづ》です。河津桜で有名な場所です。

今日ここに茂木先生をお連れしたのは、私の勝手な「川端康成（＊）論」を語ろうと思ったからです（笑）。

（＊）川端康成：1899年（明治32）年、大阪生まれ。東京帝国大学国文学科卒業。一高時代の1918年（大正7年）の秋に初めて伊豆へ旅行。以降約10年間にわたり、毎年伊豆湯ケ島に長期滞在する。菊池寛の了解を得て1921年、第六次「新思潮」を発刊。新感覚派作家として独自の文学を貫いた。1968年（昭和43年）ノーベル文学賞受賞。1972年4月16日、逗子の仕事部屋で自死。著書に『伊豆の踊子』『雪国』『古都』『山の音』『眠れる美女』など多数。

茂木　川端康成、たしか大阪の人ですね。幼くして両親を結核で失い、育ててくれた祖父母にも死に別れ、15歳の頃に天涯孤独となりました。めちゃくちゃナイーブで、現実世界から文学に逃避していたイメージがあります。いつも愛に飢えていた孤独な受験生が、ふと1人旅に出た先が、この伊豆でした。

天城峠を越えたあたりの河津町の街並み

ここでの鮮烈な出会いが、『伊豆の踊子』になるんですね。渡辺先生は川端康成、お好きなんですか？

渡辺　好きですね。『伊豆の踊子』（新潮文庫）は表現力もすごいし、映画も何度も観ています。伊豆が舞台ですので、伊豆生まれのひいき目もあると思いますけれど。

せっかく茂木先生と一緒にいるので、川端康成が『伊豆の踊子』を書く動機となった事件と、世界史の大きな事件との関連をお話ししようと思っています。

1917年（大正6年）といえばロシア革命です。その頃、川端康成は18歳で一高（第一高等学校）の2年生でした。

伊豆の踊子銅像

茂木　旧制一高というのは、今の東京大学教養学部などの前身となった名門校ですね。

渡辺　そうです。川端康成が通った一高は、まだ駒場に移転する前の向丘（現在の東大農学部あたり）にあった時代で、3年間を寮で過ごしています。その寮の近く、赤門がある本郷通りに「エラン」というカフェがありました。そのカフェ・エランには、学生や名前が知られてきた人たちがよく集っていて、川端康成も仲間とともによく通っていました。

そこに、伊藤初代《いとうはつよ》という女給さんが働いていた。

茂木　女給さんというのは、いわゆるウエイトレスですね。

渡辺　伊藤初代はチャキチャキとした女の子で、知的教養がある女性というよりも、初々しさで惹かれるような女の子だったみたいです。

伊藤初代

茂木　写真が残っていますね。頬のふっくらした美少女です。中学生くらいに見えます。

渡辺　だと思います。1919年、川端康成が19歳の頃に出会ったようです。川端は一高を卒業して東京帝国大学文学部に入学する前までには、そのカフェに入り浸るようになり、本気で初代さんに恋をしていました。

　1921年、川端21歳のときに、結婚をすると決めてしまいます。ペースが速い。このとき初代さんは15歳でした。川端は幼い頃に両親を亡くしているので家族愛に飢えていたのでしょう。

茂木　川端は、初恋の相手は寮の後輩の男子学生だったと告白しています。女性への恋は、初代さんが初めてだったんですね。それにしても性急すぎる……。

渡辺　両親は大阪の医師だったみたいですが、早くに亡くなった。そういうことがあったせいか川端康成は21歳のときに15歳の初代さんと結婚を決めます。

しかしそのことを初代さん本人に伝える前に、彼女はカフェ・エランの女給を辞め、岐阜に行ってしまいました。

そのカフェ・エランというのは、いわゆる今の銀座のお雇いママさん的な経営だったらしい。そのおかみさんが東大法学部の学生といい仲になって結婚することになります。その学生が卒業し、台湾銀行に勤めることになりました。

おかみさんは台湾でもエランのようなカフェをするつもりでいたのでしょうね。初代さんがいい子だったので、もう1人の女の子と2人をカフェ・エランから引き抜いた。今の銀座の売れっ子を引き抜くような感じだったと思います。おかみさんは実家がある岐阜で台湾行きの準備を進めることにし、2人の女の子も岐阜に連れて行きました。

川端としては初代さんと結婚したいと思っていましたので、台湾へ行く前にプロポーズすべく、初代さんのいる岐阜へ友人4人程と何度か旅しました。最初は他愛もなく遊び、そして2回目か3回目に訪問したときに、「結婚したい」と打ち明けました。

初代さんは最初、川端との結婚にあまり乗り気ではなかったみたいです。川端は目がギョロッとしているので威圧感がありますから。しかしだんだんほだされて、「岩手のお父さんが結婚を許してくれれば」となりました。

川端は急ぎ初代さんのお父さんがいる岩手県の山奥へ友人とともに向かいます。お父さんは小学校の用務員でした。「お嬢さんがほしい」の言葉に、「娘には苦労をさせているので、もらっていただけるんならお願いします」と承諾されました。川端のイメージからは想像できないかもしれないですが、とても行動力があります。

茂木　当時の帝大生といえば、エリートコース間違いなしですから、お父さんもびっくりして喜んだでしょう。

渡辺　川端も喜んで、まだ学生だったのでお金もなかったんですけれど、川端の才能を高く買っていた菊池寛《きくちかん》などに相談してお金の工面までしてもらいます。

こうして着々と結婚の準備を整えていたところに、突然、初代さんから「結婚できません」という手紙が届いたのです。急いで岐阜に初代さんを訪ねますが、心変わりの理由を初代さんは決して語りませんでした。

茂木　何があったのでしょうね？　突発事件が起こったとか？　でも言わない。言えない。

渡辺 どんなに翻意を促してもダメでした。このような川端の失恋があったのが1921年（大正10年）のワシントン会議の年でした。この2年後の1923年は何があった年ですか？

茂木 世界史としては特にないですが、日本では関東大震災がありましたね。

渡辺 はい。その年に、川端は彼女が結婚を断った理由を知ることになります。それも間接的に。

先ほど申し上げた、初代さんが台湾へ行く話が消えちゃったんですよ。それで、連れてきた女給の少女2人をどうするのかという話になり、結局初代さんは、おかみさんの姉が嫁いだ岐阜のお寺さんの養女にすることが決まりました。

ところが初代さんはそこの住職、養父になった人に犯されてしまったようです。正確には分かりませんが。あの時代ですから、少女には大変なショックだったはずです。純潔が大事にされていましたから。

茂木　純朴な川端は、まだ彼女に指一本触れていなかったのですね。

渡辺　そうでしょう。彼女は黙って身を引くことを決めました。そのことを川端は人づてに聞いた。その時代の考え方もあるでしょうし、おそらくこれは男でないと分からない心理なのかもしれませんが、川端のショックは相当だったでしょう。

事実を知った3年後、1926年（大正15年）・昭和元年に、『伊豆の踊子』が発表されました。

ここで、そういう川端の初恋と失恋事情を知っている渡辺的解釈をします。

『伊豆の踊子』の大まかなストーリーは、旧制高校生（一高生）の「私」が伊豆で1人旅をしていた途中に、大島から来た旅芸人の一行を修善寺で見かけ、1人の美しい踊子から目が離せなくなります。その後、天城峠のトンネルを抜けた後に主人公とその旅芸人一座は一緒に下田まで旅することになりました。そのなかで、踊子に恋心を抱く。最後は下田の港で別れることになります。

一座は下田の港から、一座の出身地である大島に帰らなければならなかった。大島はいわゆる踊子さんの本拠地です。ということは、踊り子はまだ大人の仕事をしていないけれど、大島に帰ったら、そういう商売をすることになるのです。

茂木　なるほど。そういう解釈もありえますね。芸人の女性が春を売る、というのは世界共通に見られたことでした。

渡辺　小説では下田で踊子とお別れをして、下田港から主人公が船に乗って東京に戻るシーンがものすごく純粋に描かれていますけれど、これは踊子が「汚れて」しまう前の、最後の別れを告げたというストーリーではないでしょうか。

そうなるとやはりこの下田に至るまでの一連の出来事と、下田での別れは、川端が「失恋」するまでの初代に対する1つのストーリーだったのではないかと思えるんですよ。

初恋の伊藤初代さんとの事件は踊子との出逢いと別れと重なります。自身の体験をデフォルメした小説のように思えます。

一般の文学者は川端の失恋の話についてはあまり書きたがりません。松尾芭蕉が男色だったことについても、芭蕉が好きな人は書きたがらない。けれど私はこの事件に踏み込まないと『伊豆の踊子』は語れないのではないかと思っています。

世界史や日本史とはあまり関係はないのですが、関東大震災と川端康成青年のショックが重なって、1923年が特別な年として忘れられません。歴史家の変な癖ですね。

天城トンネル付近にある浄蓮の滝、この入り口に踊り子象がある。

スポット情報

天城山隧道（旧天城トンネル）北側入り口

静岡県伊豆市湯ケ島　Ⓟあり

アクセス方法　東名高速沼津ＩＣより国道１３６号、４１４号経由、１時間20分　伊豆箱根鉄道修善寺駅より河津駅行きバス35分「水生地下」または「天城峠」バス停下車徒歩約40分

第3章

金山と石丁場の伊豆海岸を巡る

18

東伊豆

忘れられた金鉱山

縄地《なわじ》金山跡（河津《かわづ》町）

渡辺　下田市の北に位置するのが河津町。河津町にあるこの小さな入り江が縄地金山跡です。ご存じのとおり、日本史でも世界史でも、貨幣が重要な役割を果たしていますから、私はいろんな鉱山跡を巡りました。日本の中世史でも有名なのが世界遺産になっている島根県の石見《いわみ》銀山《ぎんざん》ですね。ヨーロッパの中世の古地図に「ＩＷＡＭＩ」の名が記されていたのを見て、驚いたことがあります。

伊豆半島は太古の昔は太平洋に浮かぶ火山島でした。そのためマグマの上昇によって地表近くに運ばれた金の鉱脈がたくさんあります。この縄地金山もそうです。石見銀山ほどは有名ではなく、痕跡もほとんど残っていないので、金山跡と説明されなければ分かりません。

茂木　地下の熱水に溶け出した金が、地表近くに押し出されて冷えてできたのが金鉱脈。だから温泉地には金が出る、というわけですね。

渡辺　今立っている海岸が、この近くの本鉱脈から採掘した鉱石を積み出した場所です。最盛期にはトロッコがこの海岸まで通じていました。縄地金山の採掘が始まった

金山跡と著者

のは1598年（慶長3年）からですが、本格的になったのは、徳川家康が大久保長安に伊豆・石見・佐渡金銀山の運営を任せてからです（1601年〈慶長6年〉）。1606年（慶長11年）には大久保は伊豆金山奉行となり佐渡金山などから専門家を呼びよせます。伊豆には相川姓を持つ人がいますが、佐渡の相川からやってきた鉱山技術者の末裔です。

茂木　大久保長安はナゾの多い人物です。猿楽師（能楽師）として武田信玄に仕え、金山の開発を任されました。武田氏滅亡後は徳川家康に仕え、初代の勘定奉行、今の財務大臣みたいな地位にまで登りました。大久保長安は八王子や神奈川の治水工事でも手腕を発揮していますね。

背後の山も含めた周辺の山で、金を採掘していた

渡辺 長安は京都市中にまで高札を出して鉱夫を募集しました。伊豆各地の神社に鰐口《わにぐち》・釣灯籠《つりどうろう》を寄進し、伊豆金山の発展を祈りました。この近くの白浜神社にもその鰐口が残っています。大久保長安は金山経営を成功させ、徳川家康を喜ばせています。

茂木 ところが、長安が亡くなると産出金をピンハネした不正蓄財があったと疑われ、息子たち7人が切腹に追いやられています。この事件の真相も闇の中です。ところで採掘した金は、どうやって運び出したのでしょう?

渡辺 この小さな入り江まで運搬し、海路で製錬所まで運んでいます。ですからここには製錬所はありませんでした。この奥の山にはたくさんの採掘口があるようですが、私はまだ山に入ったことがありません。海辺の崖にも鉱脈があって、横穴が掘られています。そうした横穴の入口には小さな鳥居があって、昔はこの海岸からも見えました。今はもうありません。縄地金山は相当に栄え

江戸時代に縄地金山を拓いた大久保長安

た時期があったようで、遊女もたくさん集まったという記録もあります。
江戸幕府が伊豆を直轄地としたのはこの半島に豊富な鉱山資源があることを知っていたからです。この鉱山の閉山は1973年（昭和48年）ですから、それなりの規模の鉱脈があったことは確かです。

茂木　この時代は、ヨーロッパでは重商主義の時代です。王権が御用商人に貿易独占権などの特権を与えて儲けさせ、そこから課税するシステムです。このため一気に貨幣経済へと移行し、インフレが進んだ結果、主従関係よりマネーの時代が到来しました。兵士が傭兵化するのがこの時代です。
家康はそのことを理解していましたが、その後の江戸幕府はこの方向にブレーキをかけ、銀行や大商人が仕切るマネー経済よりもコメの経済を選び、封建的主従関係を維持しようとした形跡があります。

渡辺　世界史の事件を「貨幣の動き」という補助線を引いて読むと、ぱっと闇が照らされる感覚があります。茂木先生も同じように考えている。だからこそ、『教科書に書けないグローバリストの近現代史』(ビジネス社)が出来上がったと言えます。

伊豆半島には、ここ以外にもたくさんの金山がありました。西伊豆の土肥《とい》金山は観光用に整備され、当時の鉱山内部が再現されています。資料館には本物の金塊250キログラムが展示されています。

茂木　毎月、金の積立てをやっているんですが、通帳の上の数字だけで現物を見たことがありません。

渡辺　ところで先ほど、特攻潜水艦「海龍」の残骸を発見した海洋調査会社ウインディーネットワークについてお話ししました。同社は、1609年(慶長14年)に千葉県御宿《おんじゅく》沖に難破沈没したサンフランシスコ号の調査も行っています。木造船で、潮の流れも速いようで発見には至っていません。

このサンフランシスコ号には、スペインの植民地だったフィリピンの代理総督ドン・ロドリゴが乗船していました。彼は御宿の村人の尽力で救助されています。ロドリゴは、ニュースペイン(メキシコ)への帰途でした。

茂木　スペインの帆船は、メキシコから貿易風（東風）に乗ってフィリピンに至り、帰りは偏西風（西風）に乗って日本近海からメキシコに戻りました。仙台の伊達政宗がローマ教皇に派遣した支倉常長《はせくらつねなが》の使節も、このルートでメキシコへ渡っています。

渡辺　ロドリゴは、当時静岡県駿府《すんぷ》にいた徳川家康と謁見することができました。当時の家康は海外に目を向けており、1600年（慶長5年）に九州臼杵《うすき》沖に現れたオランダ船の水先案内人ウィリアム・アダムス（三浦按針）をアドバイザーにしていました。彼を通じて、スペインが貴金属の製錬技術に優れていることを知っていました。

家康は、アダムスに建造させた西洋帆船（サン・ブエナ・ベントゥーラ号）を使ってロドリゴをニュースペインに送り返しています〈1610年〈慶長15年〉6月出港、同年10月末アカプルコ着〉。

ロドリゴには、日本はスペインとの交易を願っていること、そして銀の精錬技術者を50人ほど送ってほしいことが伝えられていました。

茂木　家康は日本を平定したのちには経済発展が見込まれること、そして経済発展のためには、経済の血液である貨幣を増やす必要があることを知っていたということですね。

渡辺 家康の貨幣に対する理解力は目を見張るものがあります。しかしそこまでの理解力のなかった秀忠《ひでただ》、家光《いえみつ》の時代に、次第に国を閉ざしていきます。家康の天下統一がもう少し早かったら、日本が世界に雄飛する大国になっていた可能性があります。

茂木 それがいいことだったかどうかはまた別問題ですね。スペインはこのあと急速に没落して、オランダに取って代わられましたから。

スポット情報

縄地金山

静岡県賀茂郡河津町縄地1　Pあり（子安神社）

アクセス方法　伊豆急行線・河津駅から徒歩35分　河津駅から東海バス「縄地」下車より徒歩5分

19

西伊豆

江戸城の築城（石垣）にも使用された伊豆石《いずいし》

室岩洞《むろいわどう》（松崎町）

茂木　海沿いの山道で車を降りましたが、ここはどこですか？

渡辺　ここは伊豆半島の西側駿河湾に面した松崎町にある室岩洞です。国道１３６号線から少し下ったところにあります。滑りやすいアクセス道を下っていくと、大きな洞窟が見えてきます。

茂木　看板も小さく、通りすがりの人は気付かないですね。

渡辺　ここは火山の島だった伊豆半島特産の伊豆石（海底火山時代に海底に積層した火山灰が凝結した凝灰岩《ぎょうかいがん》）の切り出し場（石丁場）です。数十メートルもある凝灰岩層をノミでくりぬき石材を切り出していました。伊豆半島全体でそうした石丁場がおよそ170カ所あったようです。

茂木　これが伊豆石……一見、砂岩に似ていますが、凝灰岩というのは火山灰が石化したものですね。確か、栃木県で取れる大谷石《おおやいし》がこの凝灰岩です。あ、ノミの跡がありますね。

渡辺　露出している石の表面には規則的なノミの跡が見えています。江戸期から昭和初期まで切り出しが続いていました。観光整備されたのは1982年（昭和57年）ですから、つい最近のことです。

伊豆石を切り出した室岩洞

茂木　内部は怪しく照明され、暗がりにノミを持った石工の人形が浮かんでいます。

渡辺　私が初めて訪れたときには頭上をコウモリが飛び、肝を冷やしました。今日はいないようです。伊豆石はちょうどいい硬さで、加工に適しています。ですから古くは城づくりの石垣はもちろん屋内用石材、竈や台所の水周りに使われました。現在も、旅館や別荘などの大きなお風呂周りの石材に需要があります。

石丁場の跡

茂木　江戸城の石垣が伊豆石だと聞いたことがあります。

渡辺　江戸期には大きな普請（大工事）が2回ありました。開府の頃の江戸城拡張工事とペリー来航後のお台場建設です。江戸城拡張工事に伊豆石が利用されたことはよく知られていますが、お台場建設のほうはあまり知られていません。

松陰やペリー提督・ハリス領事の遺跡は言うまでもなく幕末史跡です。幕末は確かに激動の時代で、ペリー提督が初めて4隻艦隊で江戸湾に入り（1853年〈嘉永6年〉7月8日）、開国を求めて再度来港する旨の国書を置いて去っていきました。

これによって幕府は開国か攘夷かで揺れ動きますが、筆頭老中だった阿部《あべ》正弘《まさひろ》の英断で、まずは海防充実を決定しました。その1つの政策が江戸湾に砲台を築くことでした。1853年8月27日（嘉永6年7月23日）、「内海御警衛御台場」普請命令を出します。

海に台場を築く工事ですから大工事です。勘定奉行や同吟味役らを筆頭にした大組織が出来上がりました。西洋の築城術や砲術書を参考にして従来からの日本式

江戸城の石垣にも使用されている

の築城・土木工事を応用する建築工事になりました。
実質的リーダーとなったのが、先に紹介した開明派幕臣の江川英龍です。

茂木　モリソン号事件の後、海防の急務を悟った老中・水野忠邦《みずのただくに》が抜擢したのが、伊豆韮山《にらやま》代官の江川太郎左衛門ですね。
江川家当主は代々「太郎左衛門」を名乗っているのですが、幕末に活躍した有名人が英龍です。幕臣ながら開明的な人物で、高野長英ら蘭学者の意見を取り入れ、大砲鋳造のための反射炉を作ったり、オランダ式軍事教練をしたりしました。ペリー来航後は江戸防衛の要塞・お台場建設の指揮をしたわけですが、その石材も伊豆から運ばれていたとは……。

渡辺　室岩洞の丁場で切り出した石材は、丁場の崖下で待ち受ける小舟に綱を使って降ろしました。降石場とでも言っていい小さな広場が暗い丁場の洞窟を抜けた所にあります。下を見ると小舟が入るにはちょうどいい入り江になっています。ここからは右手には松崎の町が見えます。
ここは冬に来ると西伊豆特有の「ならい風」にさらされますが、その代わり空気が澄んでいて富士山がすっきりと見えることが多いです。海上には、葛飾北斎の「神奈川沖浪裏」の浮世絵を髣髴《ほうふつ》とさせる、崩れ落ちる大波を見ることもあります。

茂木　今日は海も穏やかで、正面の山向こうには富士山が頭をのぞかせています。しかしこの断崖から人力で石材を船まで下ろしたというのは、想像を絶します。

渡辺　石丁場は伊豆半島の海岸線に数多くみられます。伊豆半島の石材を初めて切り出したと言われる細間の段という下田に近い東海岸の石丁場跡は、先にご紹介しました。そこでは室町期に太田道灌の江戸城建設に使われる石材を切り出しています（P87

海沿いに面しているため、海に浮かぶ船に伊豆石を降ろして江戸まで運んだ

〜91参照）。

茂木　石丁場が多いのは、船による運搬のためですか？

渡辺　そうです。海岸や河岸に近い所が石丁場になるのは全国共通のようです。つい最近（2012年）も、天智天皇時代の石丁場だったらしい場所が、滋賀県大津市の石山寺境内で見つかりました。そこは琵琶湖南端の湖岸に立地し、琵琶湖から京に流れる瀬田川の西岸にあたります。奈良に運ぶのにはちょうどいい立地にある6〜8世紀の石丁場です。石山寺は、紫式部や松尾芭蕉関連の史跡が有名ですが、天智天皇の石丁場もぜひ見たいと思っています。

スポット情報

室岩洞（伊豆石の採掘場）

静岡県賀茂郡松崎町道部371　洞窟内の電気の点灯　8時30分から17時　Pあり

アクセス方法　伊豆急行下田駅から東海バス「松崎・堂ヶ島行き」50分→「松崎バスターミナル」下車→タクシーに乗り換えて10分。もしくは「松崎バスターミナル」から「雲見入谷行バス」に乗り換えて約6分「室岩洞」下車→徒歩約5分

20　西伊豆

菖蒲《あやめ》御前と源頼政《みなもとのよりまさ》の悲恋

頼政堂／菖蒲御前供養塔

茂木　伊豆半島は、奈良平安時代には流刑地でしたね。半島なのに「島流し」とはちょっと奇妙ですが、それだけ交通が不便だった、ということでしょうか。

渡辺　奈良や京都で事件があると、罪人とされた関係者が伊豆に流されることが多かった。ですから伊豆に行けば京や奈良の事件に会える、ということになります。

例えば役行者《えんのぎょうじゃ》（役小角《えんのおづの》）。彼は生年も没年も不詳ですが実在したことは確かです。奈良盆地の葛城《かつらぎ》辺りで活動していた呪術者で、山岳修験道の祖として有名です。699年（文武天皇3年）、高位の者に呪いをかけたと讒言《ざんげん》され、伊豆大島に流されました。彼の痕跡は伊豆半島の各地にあります。701年（大宝元年）に赦免されました。

　有名人では、平安末期に源頼朝《みなもとのよりとも》が伊豆に流されていますね。平治の乱で敗れ、逃亡途中で殺された源義朝《みなもとのよしとも》の子である頼朝が流されたのが、伊豆の蛭《ひる》ヶ小島（伊豆の国市）でした（1160年〈平治元年〉）。源氏ではもう1人、源頼政の痕跡が残されています。

茂木　「源三位《げんざんみ》」頼政については、ほとんど知られていません。教えてください。

渡辺　1180年（治承4年）、驕《おご》る平家打倒の令旨を、以仁王《もちひとおう》（後白河法皇第3皇子）が出します。以仁王には出世できない恨みがありました。それが蜂起の大きな動機でしたが、それに呼応したのが頼政でした。平家政権の中でも源氏として従三位《じゅさんみ》（高級貴族）まで出世した稀有《けう》な武士です。

茂木　源氏で従三位だから「源三位」。義朝・頼朝親子が敗死・流刑になったのに、頼政は清盛側について出世したのですね。その頼政が、なぜ平家打倒に加わったのでしょう？

渡辺　いまだにはっきりとした理由が分かりません。清盛に信頼されて従三位に叙せられたのが75歳。その翌年の1179年（治承3年）には病を得て出家しています。彼は既に死期を悟っていたのかもしれません。源氏の心意気を発露して死んでいきたかったのかもしれません。

茂木　自分はどうせ死ぬ。ならば源氏のために一旗揚げて、名を残そう、と……。

渡辺　京都で蜂起した頼政らは宇治の戦いで敗れ、以仁王も頼政も戦死します。

頼政の側室に菖蒲御前《あやめごぜん》という女性がいました。反乱軍の親族も処罰を受けるのが普通ですが、彼女は

源頼政の妻・菖蒲御前が頼政と子・仲綱の遺骨を持って禅長寺に出家し、潜んだとされる頼政堂

処分されていません。その菖蒲御前の供養塔に、これから参りましょう。

茂木　頼政の墓は京都の宇治平等院にありますが、菖蒲御前の墓が、なぜこの伊豆に？

渡辺　彼女は伊豆出身だったのです。相当な美人だったと言われる菖蒲御前は、もともとは鳥羽天皇の女御《にょうご》でした。『太平記』には、菖蒲御前のことを頼政が見染めたことを聞いた近衛天皇（鳥羽院の子）がちょっとした悪ふざけをしたと記されています。

頼政は弓の名手で、紫宸殿《ししんでん》に夜な夜なやってきて天皇を怯えさせていた怪物「鵺（ヌエ）」を射殺します。近衛天皇は褒美に、頼政が見染めたと聞いていた菖蒲御前をとらせます。しかしここで遊び心というかいたずら心が出ました。菖蒲御前に似た女御を複数並べたうえで、菖蒲御前を

頼政堂の中央には鎌倉時代の阿弥陀如来像が、その左右には頼政と菖蒲御前の坐像が安置されている

頼政に選ばせたのです。複数の女御から本物を選べるはずもありません。

茂木 女御というのは天皇の側室ですから、武士身分の頼政は、遠目で見るしかなかった。顔もよく知らないわけですね。

渡辺 そこで頼政は一句歌を詠みます。

五月雨《さみだれ》に　沢辺《さわべ》の真菰《まこも》　水越えて　いずれ菖蒲《あやめ》ぞ　引きぞわずらふ

真菰とは池に生える水草です。その水草が、五月雨のせいで水かさが増した池から溢れ出ている。岸辺には水の中から生える菖蒲にそっくりなカキツバタやアヤメが生えていますから、それらも池から溢れ出た水の中から顔を出している。こんな状況ではどれが菖蒲か分かるはずもありません、という意味の歌でした。彼はその日に菖蒲御前を選びませんでした。

私は、この歌を初めて知ったときに、水の中から顔を出す菖蒲、陸生のアヤメ、その中間あたりに生えるカキツバタがそっくりなことを知りました。
　頼政は歌人としても知られていましたが、近衛院はこの歌に感心し、約束どおり菖蒲御前を頼政の妻にめとらせました。2人の夫婦仲はよかったと伝わっています。
　このような経緯でしたから、頼政が平家に弓を引いた後も彼女は処刑されませんでした。彼女は頼政の死後、彼の御霊を弔いながら、ここで暮らしたと伝わっています。この禅長寺に頼政堂があるのはそのためです。伊豆は元来頼政の知行《ちぎょう》国《こく》でした。

茂木　安芸国（広島県）に落ち延び、そこで亡くなったという伝承もありますね。東広島市の小倉神社にお墓もあるようです。

渡辺　ここには菖蒲御前をまつる供養塔もあります。頼政堂の裏手を少し上ったところに建っていますので行ってみましょう。

菖蒲御前供養塔

茂木　ずいぶん立派な供養塔で、びっくりしました。土地の人たちが大事にしているのがよく分かります。

渡辺　鵜退治や菖蒲御前を娶るまでのエピソードがよく知られているせいか、ここを訪れる人は少なくないようです。今日は初春の日差しが心地いいですね。墓所の周囲の山も新緑がみずみずしいです。こんな状態を「山が笑う」と言いますが、山の笑い声が聞こえそうです。

　菖蒲御前の供養塔は遥か西の空を向いて建っています。この西山の向こうは駿河湾です。さらに西には京の都があります。菖蒲御前は、夫頼政の亡くなった宇治にある平等院を見つめているのだと思います。

スポット情報

菖蒲御前供養塔（禅長寺）

静岡県沼津市西浦河内396-2　Ｐあり

アクセス方法　沼津ＩＣから車で50分　沼津駅南口バスターミナルより東海バス河内まわり江梨行き乗車約50分。河内農協下車徒歩約20分

21

西伊豆

ロシアと日本の関わり

真面目なロシア・強引なアメリカ／戸田《へだ》造船郷土資料博物館

茂木　幕末、アメリカのペリー艦隊の直後に、開国と通商を求めて下田に来航した軍艦があります。ロシア軍艦ディアナ号で、指揮官はプチャーチンです。そのディアナ号の碇《いかり》が、この沼津市戸田《へだ》造船郷土資料博物館に置かれています。

ディアナ号は実は安政地震の津波で大破し、修理のために戸田港へ向かう途中に沈没しました。詳しい話は後ほどするとして、なぜ幕府はロシアにではなくアメリカに対して先に開国しようと決断したのか、お聞きしたいです。

渡辺　簡単に言うと、プチャーチンが真面目すぎたからですね。日本に開国を迫ったとき、江戸幕府から「交渉は長崎でやれ」と言われると、ロシア艦隊は素直に長崎へ行きました。ペリーは初めから長崎に行っても埒《らち》が明かないと分かっていた。江戸幕府の言うことを聞かず、そのまま江戸湾で交渉すると決めていました。

イメージで言うと、当時のロシアは貴族的。アメリカははなから実利一本で押しが強かった。

茂木　ロシアはその70年前から日本に開国を求めていましたね。たとえば1778年（安永7年）も松前藩に対してロシア船が通商を求めたし、1792年（寛政4年）にもロシアの使節ラクスマンが漂流民の大黒屋光太夫《だいこくやこうだゆう》を送り届けたうえで通商を要求しています。そのときにも長崎へ行けと言われていました。そして次回訪問のときには正式交渉する、と約束する証書（信牌）を老中・松平定信からもらってひきさがりました。

渡辺　そうそう。だから真面目なんですよ。その信牌を手にして長崎にやってきて、開国を求めたのがロシアの実業家で外交官のニコライ・レザノフでした。

ロシアはなぜそこまで日本に開国を求めていたのか。

あの頃のロシアはアラスカを持っていたでしょう？　アラスカの開発最大のネックが食糧の安定確保でした。だから食糧基地として日本に開国してもらいたかったのです。この話はディアナ号の前の時代、１８００年前後の話です。

茂木　北太平洋で商業活動を行っていた露米《ろべい》会社／ロシア＝アメリカ会社が関わっていました。この会社は、アラスカ、アリューシャン列島、カムチャツカから南へ伸びる千島列島の統治を許可され、毛皮交易に従事していた会社です。アメリカがロシアからアラスカを買ったのが南北戦争の後なので、１８６７年かな。それ以前の話ですね。

渡辺　その露米会社の幹部だったのがレザノフでした。レザノフは真面目に日本と交渉していたけれど、幕府側も頑《かたく》なに開国を拒否した。松平定信はもう失脚していました。『レザノフ日記』を読むと、日本でひどい扱いを受けたと書かれています。レザノフは通商要求を拒まれた報復として、帰途で樺太《サハリン》・千島《ちしま》の番所や漁船などを襲ったことは皆さんも知っていると思います。今のウクライナ戦争に続く「悪いロシア」のイメージの始まりかもしれません。

実際は、レザノフは非常に貴族的に交渉していたのだけれど、レザノフの部下が、「レザノフさんは貴族で国を代表してきている国使なのに、なぜ日本はこんな扱いをするんだ！」と怒って番所を襲ったのです。レザノフとしてはなんとかして露米会社の経営を安定させたいと思って、日本との交渉を真摯に進めています。

話が少しずれますけれど、レザノフは日本との交渉に失敗後、露米会社の経営確認のためにアラスカに行きました。当時の露米会社の最南端の砦がサンフランシスコの北にあるフォート・ロスでした。サンフランシスコは、サンフランシスコまで北上してきたスペインと、露米会社の最南端の砦とが、ちょうどせめぎ合うようなところでした。

レザノフはサンフランシスコ湾に入り、スペイン総督と通商交渉を始めます。その過程で総督と昵懇《じっこん》の仲になる。レザノフは総督の娘と知り合い、ほれてしまうんです。

茂木　ほう。それは初耳です。

渡辺　相思相愛だったみたいですね。レザノフは皆に祝福されて婚約し、一時ロシアに帰ります。その帰途シベリアで、病気で亡くなってしまいました。

当時は連絡手段が少なかったため、彼女が彼の死を知ったのは1年後です。まだ10代だったのですが、彼女は誰とも結婚せずナン（尼僧）となり、彼を慕いながら死んでゆきました。

私はこの話がすごく好きで、菖蒲御前の話ではないけれど、私はサンフランシスコにある彼女が尼僧として暮らした教会に行ってきました。彼女のお墓を探したけれど、どれが彼女のものかは分かりませんでした。そういうオタク的な探訪も旅の醍醐味です。

茂木　歴史に翻弄された女たち。渡辺先生の真骨頂ですね。

渡辺　『世界史を狂わせた女たち』（ビジネス社）も、ね。

下田で大破したロシア軍艦ディアナ号

渡辺　ディアナ号の話に戻しましょう。要するにロシア時代の貴族というのは、それなりのマナーがあった。その結果生真面目に長崎に行って交渉していました。そこでペリー艦隊の開国成功の話を聞くことになりました。「これは出遅れたな」と焦ったでしょう。

ペリー艦隊が1854年（嘉永7年）6月に帰国した4カ月後の10月に、プチャーチンが準備を整えて下田に来航します。江戸幕府と交渉している最中に、安政の大地震が起きました。11月4日（西暦1854年12月23日）のことです。大地震に続いて大津波が下田湾を襲い、ディアナ号は大破しました。津波でディアナ号はこまのようにクルクルと回ったそうです。そのとき大砲の下敷きになって亡くなったロシア水兵の墓が、玉泉寺にあります。

沈没は免れたものの大破したディアナ号をどこで修理するのがいいのかということで、当時このあたりを管理していた韮山《にらやま》代官・江川太郎左衛門に相談しました。

玉泉寺にあるロシア水兵の墓

なぜ修理の場所を注意深く選ぶ必要があったかというと、これは世界史と関わってくる話で、当時ロシアとイギリスは戦争状態にありました。

茂木　クリミア戦争ですね。ロシア帝国と、イギリスなど連合軍との間で起きた戦争です。聖地エルサレムの管理権を口実にオスマン・トルコ帝国に侵攻してきたロシアと、ロシアの南下を阻止しようとするイギリス・フランスが、現ウクライナのクリミア半島でドンパチしました。だから今のウクライナ戦争と基本構造が変わってません。

当時は、グレート・ゲームの時代とも呼ばれています。ユーラシアの覇権を巡る大英帝国とロシア帝国の敵対関係・戦略的抗争を、チェスになぞらえてつけられた名称です。

クリミア戦争が激戦となったため、両国はこの間、清国や日本にちょっかいを出すことができなくなった。この時期をついて、パッとアメリカが入ってきたということですね（笑）。日本に対してアメリカは、「イギリスやロシアのように暴力的なことはせず、紳士的にするから」と、うまく幕府をのせて開国できました。

渡辺　そうですね。歴史の教科書には書いていないですけれど、クリミア戦争でロシアがフランス・イギリス・トルコと戦っていた当時、ロシアを間接支援していたのはアメリカなんですよ。

その直後の南北戦争では、北部のリンカーン政権から独立を宣言した南部連合をイギリスが支援しようとした。そのときロシア皇帝が、「イギリスが南部支援で介入するならば、我々はリンカーンの側に立って戦う」とまで言い、イギリスは介入をあきらめました。今はロシアとアメリカはいがみあっているけれど、当時のリンカーンとアレクサンドル2世の頃は非常に関係が良好でした。だから先ほど話に出たロシアへのアラスカの売却も、スムーズにいったのです。

茂木 ところでディアナ号を率いてきたプチャーチンは、ペリー来航の情報は得ていたんですか？

渡辺 ペリー来航の話はアメリカの新聞にも書いてあるし、当然知られていました。ただプチャーチンは、アメリカが一気に江戸湾に入って交渉するとは思ってはいなかったでしょうね。

茂木　まぁロシアのほうが幕府との交渉の歴史があるし、日本とうまく開国交渉をやろうと思っていたところに、まさかのペリーが江戸湾に強引に行ったと。

渡辺　そう。ペリーに先にやられてしまったので、それで急いで下田に来ました。そして当時の優秀な幕臣のトップ3に挙げられる川路聖謨《かわじとしあきら》、岩瀬忠震《いわせただなり》らと交渉にあたるわけです。その最中に大地震が起きた。

先ほど話したように、当時はイギリス船も日本周辺に遊弋《ゆうよく》していましたから、ロシアとしては敵国イギリスに修理中の船が見つかるようなことは避けたい。そんな状況下で、この戸田《へだ》という伊豆半島の西海岸の港を紹介されました。

象の鼻のように砂洲が出ているため、湾がプールのようになっていて、外洋から見えにくい。だから太平洋を遊弋するイギリス船は、近くまで来ないと湾の存在が分かりません。砂洲の裏側、内海のほうで修理すれば大丈夫だということで、ここにディアナ号を持ってくることになりました。

茂木　ディアナ号は大破したというお話でしたが、戸田まで自走できたんでしょうか。

渡辺　ある程度自走できたと思います。ギリギリの自走と、何十隻もの伝馬船に引っ張られながら下田からこの戸田湾外まで来たんだけれど、そこで大風が吹いたんです。コントロール不能になり、伝馬船の人たちもディアナ号を繋ぐ縄を切らなければいけない状態になりました。最終的にディアナ号は浸水して、この駿河湾に沈んだのです。

そのため、この戸田でロシア水兵の知識を使って新しい船を造ることになります。ロシアの数百人の水兵たちが、西洋型帆船の完成までここに暮らすことになります。ここ戸田にはその間に亡くなった水兵のお墓もあります。

また、江川太郎左衛門がこのあたりの船

ヘダ型帆船の絵図

大工を集めて、ロシア兵の指導下で最初に造ったのがヘダ型という帆船です。

それはせいぜい100人ほどしか乗れなかったと思います。だから最終的にはその船とアメリカの商船を傭船して、故郷に帰ったのです。

茂木　ディアナ号が気になるんですが、今もまだ沈んだままですか？

渡辺　探知機などで調べていましたが、結局見つかっていません。見つかったのはディアナ号の碇だけでした。その碇は、戸田の造船資料館に残っています。

これは余談になってしまうけれど、橘耕斎《たちばなこうさい》という青年がいて、その若い侍は、ディアナ号の代わりとなる新しい船ができて出発する際に、ロシア水兵にまじって密航に成功しました。サンクトペテルブルクに行って勉強して、明治になって帰国します。日本で最初のロシア語の辞書を作った人が橘耕斎です。この話もあまり知られていません。このことは先にも話しましたね。

実は吉田松陰のように密航を試みた人はたくさんいます。新島襄《にいじまじょう》も函館から脱国して、帰国後は同志社大学の前身を作りました。松陰も違うやり方を考えれば、密航に成功していたかもしれませんね。

茂木　ここに、船を造った人々の名前が刻まれていますね。

渡辺　この戸田には造船資料館があり、当時の資料が数多く残されています。

茂木　実はクリミア戦争の局地戦として、イギリス艦隊がカムチャツカ半島のロシア軍要塞を砲撃しています。彼らが日本の港にロシア艦を発見していたら、ただでは済まなかったでしょ

ロシア軍艦ディアナ号の錠

う。プチャーチン以下ロシア軍将兵が、イギリス軍の捕虜になる可能性もあった。

渡辺　クリミア戦争が日本近海で起こっていたというのは、本を読んでいるだけだとなかなか分からないですね。

クリミア戦争が、プチャーチンや日露和親条約とどう関わっているのかなんていうのも、勉強していただくと世界史がさらに面白くなります。

茂木　結局クリミア戦争ではロシアが惨敗しました。それで当時のロシア皇帝・アレクサンドル２世が「このままではだめだ」ということで、ロシア版の産業革命を始め、１８６１年に農奴解放令を出しています。ここから始まるロシアの近代化は、日本の明治維新とほぼ同時期です。

日米和親条約、日露和親条約の和文と英文の違い

渡辺　もう１つ面白いお話があります。日米和親条約の中に秘かに埋め込まれていた翻訳のトリックです。

英語で書かれた日米和親条約のほうは、「どちらかの政府が求めれば領事館をつくっていい」という文章です。けれど和文の場合は「両方の政府が認めたときには領事館をつくっていい」という内容なんです。

茂木 つまり和文では、「領事館をつくるには日米両国の合意が必要」と書かれ、英文では「どちらか一方の、つまりはアメリカ政府が決めたら日本に領事館をつくることができる」となっていた、ということですか?

渡辺 そうです。だから日米和親条約がうまくいった理由の1つに、英文の約定と和文の約定が違うという事実があったことを知ってほしいです。

これは実は世界ではよくある話なんですよ。

例えば大きな事業に関わる交渉をやっている人たちはよく分かると思うんですけれど、最初は角突き合わせて激しくやり合いますが、次第に「なんらかの形で合意ができそうだ」という感覚が芽生えてきます。

そのときに何をするかというと、お互いが自分の後ろにいる勢力に対してどういう言い訳をするかという点を考えます。身内や社内にいる反対派を、どう説得するかという交渉になるわけです。そのときには交渉担当者同士に運命共同体のような仲間意識が出来上がります。

日本開国のときは、水戸の徳川斉昭《なりあき》を中心とする反開国派がものすごい力を持っていました。日米和親条約の場合は、当時は英語を分かっている人間があまりいなかったため、英語を熟知している人が読めば「どちらかの政府が総領事館を開きたいということになれば認めます」と英文にはなっているけれど、どうせ読めない。日本人だと間違えそうな英文にしておけば、ごまかせると考えたのです。

その詳しい経過については、私は『日本開国―アメリカがペリー艦隊を派遣した本当の理由』（草思社）という本を書きましたので、ぜひそちらをお読みください。

茂木　とにかく身内や社内の反対を抑える理屈を、ペリーと日本側代表の林復斎《ふくさい》が阿吽《あうん》の呼吸で考えたのですね。

渡辺　そうそう。面白いことに日露和親条約は、その日米和親条約のときのような英文と和文の違いは、もうないんですよ。和文も英文も一致しています。おかしいでしょ？　1年にも満たない期間で日本の通訳の英語力が格段に伸びるはずはないでしょう。

茂木　日露の条文は一致したのでしょうか？

渡辺　これが面白くて、ロシア側としては、日米和親と日露和親を比較したときに、日米和親では英文のほうにしか「どちらかの国が必要と認めたら領事館をつくっていい」と書かれていません。ところが、日露和親では英文も和文も一致して、ロシア側の一方的判断で領事館の設置ができます。

だから、「日本を最初に正式に開国させたのはロシアなんだ」という主張が当然にできるわけです。日米和親の和文の文章では領事館設置を拒否できる、要するにまだ正式な開国になっていないけれど、日露和親の場合はどちらもロシアの要求があれば開国しますという内容になっている。「我々のほうが開国を先にした」という主張です。面白いでしょう。

日本側からすると、もう開国すると決めたのだから、ごまかしはしなくてもいいやというほっとした気持ちがあったのでしょう。

交渉というのは、後ろにいる人たちがこわいんですよ。例えばウクライナのゼレンスキーも一緒です。ゼレンスキーは背後にいる勢力を見ながら交渉している。暗殺されることを防ぎながらロシアとどう妥協に持っていくかを常に考えていると思います。ゼレンスキーはロシアに向けて話しているのではなく、CIAとかネオコンとか、あの人たちにしゃべっているのでしょう。だから「前四、後ろ六」ですよ。ただ最近のゼレンスキーを見ていると国が滅んでもかまわないと思っている節もある。

茂木　日露戦争後のポーツマス条約をまとめた小村寿太郎のところにも、脅迫状がたくさん届きましたもんね。

渡辺　小村寿太郎の場合は、アメリカの仲介でやむなく妥協したという言い訳ができるわけです。「自分はもう少し頑張りたかったんだけれど、セオドア・ルーズベルト大統領の強い意志もあってアメリカとは揉めないほうがいいと考えた」という言い訳ができた。

ウクライナ戦争前にはウクライナ東部の自治を認めるミンスク合意ができた。ドイツとフランスが仲介に入ったからです。その合意をウクライナが守らず、ロシアのウクライナ侵攻となりました。今回の戦争には仲介国がない。トルコが何とか休戦を実現しようと努力していますが、正式な仲介国になってはいない。仲介国のない交渉は難しいんですよ。

第二次世界大戦直前のズデーテン危機のときの交渉はすぐにイギリスが入ってくれましたが、ドイツ対ポーランドの交渉ではイギリスとフランスが先にポーランド側に立ち、中立保障をしちゃった。そうなると独ポの最終交渉の場面で仲介国がなくなった。

ポーランドにも対独強硬派がいる。その強硬派に対して仲介国がいれば「いつまでやっているんだ。こんなことをやっていればドイツとソビエトを同時に敵にする可能性がある。ドイツと何らかの妥協が必要だ」と忠告できたはず。独ソ戦の始まる9月1日の2、3日前にすごいやり取りがあった。そのときに仲介国がいなかった。独ポ戦は仲介国がいれば防げた可能性もあった。

そういう意味では今のウクライナは当時のポーランドに似ています。仲介国がいないのが、非常に危ない。

茂木　結局それも口約束で、英仏にも見捨てられたポーランドは、独ソに分割されました。歴史は繰り返すとなると、次に起こるのはウクライナ分割ですよね。

渡辺　そう。だから馬淵睦夫大使は「ウクライナのためにも戦争してはダメだ。ウクライナがポーランド化、あるいは北朝鮮化する」と警告しています。早い段階で妥協点を見つけ出してほしいです。

茂木　本当は利害関係の少ない日本が仲介できる立場なんですが、「人の話を聞く」ばかりの総理では難しいでしょうね。

スポット情報

戸田《へだ》造船郷土資料博物館

静岡県沼津市戸田2710-1　9時～16時30分　休 水曜日・祝日の翌日・年末年始　大人200円、小・中学生100円　P あり

アクセス方法　東名高速沼津ICから国道414号経由　1時間30分　伊豆箱根鉄道修善寺駅→東海バス戸田行きで60分、終点下車、徒歩30分

玉泉寺

静岡県下田市柿崎31-6　9時から17時　休 年中無休　P あり

アクセス方法　伊豆急下田駅より徒歩25分　伊豆急下田駅から須崎・爪木崎方面行バス10分「柿崎神社前」下車　徒歩2分

22

源頼朝が身を隠した洞窟・しとどの窟《いわや》

神奈川県湯河原町

霊気ただようパワースポット

茂木 すごい場所にやって来ました。ここは湯河原温泉の奥にある、しとどの窟《いわや》です。ここまで到着するのが大変でしたね。山を700メートル上がったあたりに駐車場があって、そこから歩いて山を下って谷底にあるのが、この洞窟です。

お参りができるように参道があり、駐車場から15分くらいでしょうか。行きは下りで、帰りは登りです。結構滑りますので革靴では危ないです。

渡辺　ハイキング用のシューズで来てください。昔は獣道しかなかったでしょうから、追手が来ても絶対に分からないだろうなという場所ですね。

　このしとどの窟は、源頼朝が身を隠した場所です。石橋山の合戦で平家の軍に敗れたとき、敗走して逃げ込んだのがこの山でした。修験道の山で、いい隠れ場所があるからと地元の豪族が案内して、ここまでやってきたのです。修験者にしか知られていない格好の場所でした。

しとどの窟に向うアクセス道

茂木　あ、看板がありますね。湯河原を本拠としていた土肥実平《どひさねひら》という武将が案内したそうです。

渡辺　ここまで来て、しばらくどうやって逃げるかと話し合ったと思われます。関東には源氏の一族がたくさんいたので、最終的に真鶴《まなづる》から房総半島安房国へ脱出しました。それまでの間、夜風をしのいで平家の追討をかわした場所です。

茂木　千葉の館山の海岸には、「頼朝上陸の地」がありますね。危機一髪を逃れた頼朝の元には関東の源氏武者が集まり、頼朝を源氏の棟梁としてかつぎあげました。

　ところで政子さんは、頼朝が無事に落ち延びたことはまだ知らなかったんですね。

渡辺　はい。伊豆山神社で頼朝の無事を祈っていました。再会できたときには心底うれしかったでしょ

しとどの窟

うね。
それにしてもここは霊気を感じます。パワースポットとしても知られているようです。

茂木 そんな感じがしますね。修験道ですか。岩窟は信仰の対象となっていて、そこに至る道中はもちろん岩窟の中にも数多くの石仏や石塔などが並べられています。洞も鳥居もあり、霊気に囲まれているイメージです。大変だけれど来る価値があります。

渡辺 伊豆は役小角《えんのおづぬ》（日本の山岳宗教である修験道の開祖）が流されてきた場所でもありますから。山伏、山岳修験道の史跡が伊豆には多いです。吉野や四国の山中に入る前に、伊豆の修験道の山を歩くのも楽しいです。

スポット情報

しとどの窟
神奈川県足柄下郡湯河原町鍛冶屋　Ⓟあり
アクセス方法　JR湯河原駅から奥湯河原行バスに乗車。奥湯河原バス停より徒歩1時間40分

あとがき

伊豆半島は歴史の宝庫である。

古代から中世にかけては奈良や京の都で事件があるたびに咎を受けた者たちが伊豆半島に流された。私の育った南伊豆町に残る京の地名（下賀茂、上賀茂、一条、二条など）がそのことを示している。

鎌倉幕府を開いた源頼朝は伊豆に育った。江戸期には、貨幣経済を理解する徳川家康が、大久保長安に命じて開発した金鉱山の痕跡があちこちに残る。

火山活動の結果降り積もった火山灰が凝結した伊豆石は、海岸近くで切り出され江戸に運ばれた。太田道灌の時代から始まる江戸城の建築に重宝され、半島各地に石丁場が残る。

そこから見える太平洋も駿河湾も絶景である。

幕末にはペリー提督による開国で下田玉泉寺に初代米国総領事タウンゼント・ハリスが赴任した。その少し前には、吉田松陰が下田湾に碇泊するペリー艦隊に乗り込もうとした踏海事件があった。激動の幕末の足跡は半島のいたるところに見ることができる。

私は、歴史の宝庫である伊豆半島を自慢したくて仕方がなかった。そんな私の自慢話にお付き合い願ったのが茂木誠さんである。氏は予備校で世界史を教える先生だが、もともとは江戸の歴史が専門だった。それだけに日本史の造詣も深い。

自慢話の一人語りは鼻につくし面白くない。私の自慢話を深掘りし、時に変化球で視点を変えてくれ、広がりのある話に昇華してくれたのが茂木先生だった。

旅の先々で語り合ったのだが、私にはそこで目にしている風景や建物のどこかから誰かが語りかけてくるような感覚があった。過去に生きた人々の声だったのであろう。もしかしたら、茂木先生も私も、恐山のイタコのように彼らの声を反復していただけだったのかもしれない。

いだろう。
「俺にもしゃべらせろ」という声が聞こえてくる。茂木先生とまた旅に出なくてはならないだろう。

読者には、この本を片手に私たちが訪れた旅先を是非周ってみてほしい。私たち2人には聞きとれなかった先人たちの声が読者の耳には届くかもしれない。

今、河津川（河津町）・青野川（南伊豆町）河畔に河津桜が満開である。そんな日に本書を脱稿できたことが嬉しい。

2023年浅春

渡辺惣樹

[著者略歴]

渡辺惣樹（わたなべ・そうき）
日米近現代史研究家。北米在住。1954年静岡県下田市出身。77年東京大学経済学部卒業。30年にわたり米国・カナダでビジネスに従事。米英史料を広く渉猟し、日本開国以来の日米関係を新たな視点でとらえた著作が高く評価される。著書に『日本開国』『日米衝突の萌芽 1898-1918』(第22回山本七平賞奨励賞受賞)(以上、草思社)、『アメリカ民主党の欺瞞 2020-2024』(PHP研究所)、『英国の闇チャーチル』『ネオコンの残党との最終戦争』『教科書に書けないグローバリストの近現代史(茂木誠氏との共著)』(以上、ビジネス社)など。訳書にハーバート・フーバー『裏切られた自由(上・下)』(草思社)など。

茂木 誠（もぎ・まこと）
ノンフィクション作家、予備校講師、歴史系YouTuber。駿台予備学校、ネット配信のN予備校で世界史を担当する。著書に、『経済は世界史から学べ！』(ダイヤモンド社)、『世界史で学べ！地政学』(祥伝社)、『超日本史』『感染症の文明史』(以上、KADOKAWA)、『「戦争と平和」の世界史』(TAC)、『米中激突の地政学』(WAC出版)、『ニュースの“なぜ？”は地政学に学べ』(SB新書)、『政治思想マトリックス』(PHP研究所)、『「保守」って何？』(祥伝社)、『教科書に書けないグローバリストの近現代史（渡辺惣樹氏との共著）』(ビジネス社)、『バトルマンガで歴史が超わかる本』(飛鳥新書)、『ジオ・ヒストリア』(笠間書院)など。YouTube もぎせかチャンネルで発信中。mogiseka.com

編集協力：船井かおり

オトナのこだわり歴史旅
伊豆半島編

2023年5月1日　　第1刷発行

著　者　渡辺惣樹　茂木 誠
発行者　唐津 隆
発行所　株式会社ビジネス社
〒162-0805　東京都新宿区矢来町114番地 神楽坂高橋ビル5F
電話　03(5227)1602　FAX　03(5227)1603
https://www.business-sha.co.jp

〈装幀〉大谷昌稔
〈本文組版〉茂呂田剛（エムアンドケイ）
〈印刷・製本〉シナノ パブリッシング プレス
〈編集担当〉中澤直樹〈営業担当〉山口健志

ISBN978-4-8284-2514-6